学ぶことを学ぶ

里見実……………………著

太郎次郎社

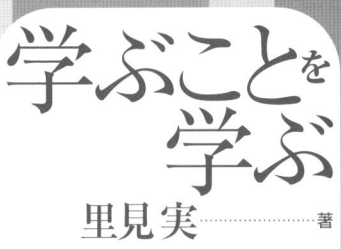

学ぶことを学ぶ

里見実

太郎次郎社

目次

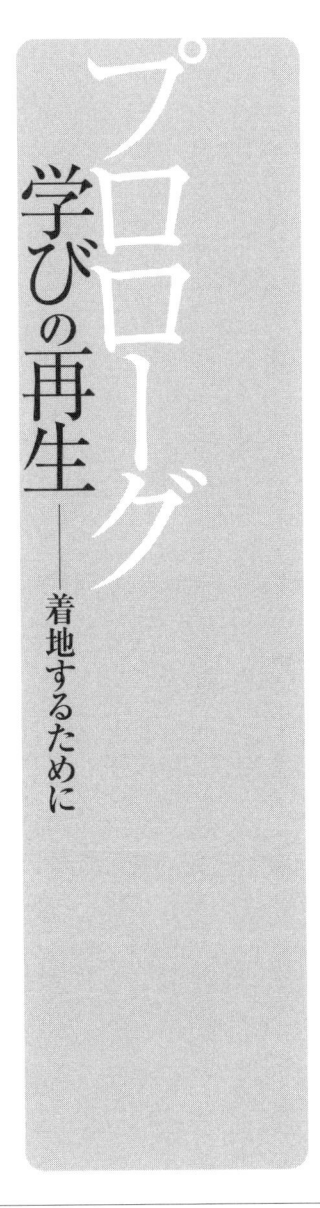

プロローグ
学びの再生——着地するために

「学びの再生」というテーマで、話をすすめていきたいと思います。

「学び」という言葉がよく使われるようになったのは最近のことですが、この言葉は、ある文脈をともなって使われることが多いようです。「学び」は「教え」の対語です。われわれが「学びの復権」とか「学びへの誘い」とかいうとき、「教え」よりも「学び」にフォーカスをおいて、教育の営みを捉えかえそうという志向がはたらいています。

ぼく自身が、「教え」と「学び」の裂目にうすうす気づいたのは、学年末試験の答案をとおしてでした。毎年のことですが、答案の山がどさりと机の上に出来《しゅったい》するのは、ちょっとした悪夢です。最悪なのは、講義でこちらが話したことをそのまま答えさせるような設問をしたときで、書かれる(あるいは書かれるべき)内容があらかじめ分かっている文章を何十何百と読んで楽しいはずがありません。それでもときどき、読み手の頭に新鮮な風を吹き込んでくれるような答案に出会うことがあります。自分自身の思索や経験の文脈のなかに講義内容をくりこんで、そこから自分の考えを紡ぎだしている答案です。ぼくが話したことではなく、かれの頭のなかで起こったことが、そこに表現されているのです。授業がたんなる知識の伝達ではなく、ある創造の過程でありうるとすれば、それをそうあらしめる核のようなものがここにあるのだと思いました。

ところが、学生のなかに起こっていることというのは、教師には、なかなか見えにくいものです。教室という空間は、いつも教師の声で満たされていて、生徒の声は呟きや内言として、かれ自身の内部に封じ込められていくことが多いようです。教師の「教え」のパロールばかりが声高に響き、肝心の学生たちの「学び」が浮上しない。ほんとうは無数の声が、この場で、この瞬間に各人の内部にわき起こっていて、それが学生たちの「学び」の内実を構成しているのに、ぼくにはそれがぜんぜん聞こえてこないのです。

呟きを声にする一つの方法として、ぼくは、書くことを重視するようになりました。ほとんど毎時間、学生に何かを書いてもらうようにしたのです。ぼくがアンケートのかたちで問いを提起して、回答を書いてもらうこともありますし、他者の意見、あるいはその日のぼくの講義内容にたいするコメントを書いてもらうこともあります。書くという仕方で、それぞれの学生の考えを公共化し、それを軸にして、講義のほうも展開していきたいと思ったのです。

高校もそうかもしれませんが、ぼくの大学の学生たちは、どうも人前で発言したがらない傾向がつよく、そういう事情もあって書くことに力点をおかざるをえなかったのですが、もっと自由にものをいえる雰囲気のある教室ならば、こんな方法にうったえる必要はないのかもしれません。実際、小中学校の授業を見ると、もっと直截に生徒の肉声のパロールを組織するというかたちで授業が展開している場合が多いようです。

だが「書く」ことには、もうすこし積極的な意味もあるような気がします。

ぼくが大学の一斉授業にたいする疑問を深めていく過程は、偶然のことですが、ヨーロッパのフレネ教育に関心を深めていく過程と重なりあっていました。ぼくは自分に可能なレベルでフレネのやり方を盗もうと思ったのです。教師の「教え」を中心にして運営される伝統的な学校教育のあり方にたいして、フレネは、子どもの「学び」を中心にした教育実践を対置した先駆者のひとりといってよいでしょう。フレネはことのほか、書くことを重要視しています。いわゆる自由作文はフレネ教育の目玉の一つとなっています。書くということは、すぐれて個的な行為です。自分の五感をはたらかせて、自分で考え、自分でものごとの筋道をたてていくことが必要とされます。とくに重要なことは、書くという行為をとおして、一人ひとりの生徒がかれに固有な時間の連なり――興味の連なりといいかえてもよいのですが――を生みだしている、ということです。子どもの自由作文は自由研究に発展していくのですが、その学びの記録は「アルバム」とよばれるリーフレットのかたちで学級の共有財産になっていきます。アルバムという呼び方がたいへん示唆的ではないでしょうか。一人ひとりのパーソナルな学びの軌跡が記録化され、他の子どもたちによって、それが学習財として活用されていく、という期待と可能性が示されています。一人ひとりが自分の「学び」のキャリアをかたちづくっていく、そしてそれが公共化されていく、その手がかりとして、書くことはあるのです。

もっとも、ぼく自身は、まだまだそうした可能性を本格的に追究できているわけではありません。糸口にほんのちょっと手をつけたばかり、といったところです。わが教室は相変わらず教師の声で満たされています。学生たちは十把一からげの「教え」の対象になっています。とはいえ、学ぶということは、所詮《しょせん》、自分が学ぶ、ということでしかありえず、学生が自分自身の「学び」の時間をつくりだしていくことが決定的に重要であることはあきらかです。「書く」ということもふくめて、「教え」から「学び」への転換の岐路を、いろいろ探っていかなければならないだろうと思っています。

教育というのは、たいていの場合、教育をうける者のためではなく、教育を施す者のためにおこなわれるものだ、と断言してよいでしょう。近代公教育はまさにそういうものとして制度化されました。だとすれば、学校の教育が「教え」を中心にして組織されるのは当然です。

しかし、「学ぶ」という子どもの行為によって媒介されぬかぎり、すべての「教え」は空虚な儀式にすぎません。そして人間が学ぶのは、つねに主体としてであって、客体としてではないのです。「教え」中心の教育は、子どもを、「教えられる」存在として客体化することによって、自らの成立基盤を掘り崩していきます。そこに近代公教育のアポリアがあるといえましょう。

学校の日々のなかで、いま私たちが直面しているのは、生徒たちの学びの空洞化という事態です。「教え」を強化することによって、「学び」を促す、煽る、という教師たちの戦略と戦術は、生徒たちの学びの空洞化をさらにおしすすめるものとなっています。

単純化していえば、学びをめぐる生徒たちの状況は以下のように要約できるでしょう。

（1）　生徒たちにとって、「学ぶ」ということは、まず何よりも学校で学ぶということなのですが、それはなんといっても強いられた学びであって、大部分の生徒たちは、そこでの学びに、かれら自身の「価値」や「よろこび」を見いだしているわけではありません。かえって、「おぞましさ」を感じている者のほうが多いでしょう。だから強いられぬかぎりけっして学ぼうとしない、という悪循環がうまれています。

(2) 灰色の学校文化とは対照的な、華やかで、口当たりのよい消費文化が子どもたち・若者たちを囲繞《いにょう》しています。それが子どもたちに及ぼす影響力は、学校よりもはるかに強大です。学校で疎外されればされるほど、この消費文化のなかに、生徒たちは激しくのめり込んでいきます。

(3) 生徒たちは、この二つの文化を——そしてそれだけを糧にして、自分の世界をつくりあげていきます。

学校教育の破綻はもうだれの目にも明瞭ですが、それは(2)の消費文化の力——マスコミや娯楽産業の力がますます大きくなって、「教え」中心の学校教育が本来かかえていたアポリアを拡大し、さらには、生徒たちの自律的な学びの基盤をも根底的につき崩しつつあるからでしょう。「教え」中心主義が崩壊するだけなら、ぼくらはなにも心配することはないのですが、子どもたちの学ぶ意欲そのものが衰退して、もはや「学び」が成立しない、という状況が出来しているとしたら、これはかなり深刻な事態でしょう。高校でも大学でも、学生のあいだに、学ぶことへの回避がますます顕著に現れています。「教え」から「学び」へ、とはいうものの、「学び」を中心にすえる、ということが、実際問題としては、かなり困難になっているのではないでしょうか。

上記の要約を、もうすこし敷衍《ふえん》しましょう。

イヴァン・イリッチと共著で『ABC』(丸山真人訳・岩波書店)という本を書いている、バリー・サンダースという若手の文化批評家がいます。この人が最近、『Aは、牡牛』"A is for Ox."というリテラシー論を書きました。アメリカはいま新たな非識字社会の門口にたっている、とサンダースはこの本のなかでいっています。

日本と同じようにアメリカでも、テレビ、コンピュータなどの電気メディアの普及にともなって、活字ばなれが急速にすすんでいます。高校卒業者の読む能力は、その一五％以上が小学校六年生以下の水準といわれています。国連の一五八か国のなかで、アメリカの識字率は五九位に落ちています。多くの若者たちにとってリテラシーは「オレたちには関係のない」こと、かれらの手の届かぬものになっています。そしてこの読み書き文化の衰退とともに、アメリカの青少年の精神に、巨大な地崩れがおこりつつある、とサンダースはいうのです。さまざまな出来事を物語化し、それを「経験」に構成していく自我という核が、それとともに失われてしまった、というのです。そういえば、スヴェン・バーカーツの『グーテンベルクへの挽歌――エレクトロニクス時代における読書の運命』（舟木裕訳・青土社）のなかにも、同じようなことが指摘されていました。かれは自分の大学での経験をとおして、およそ文学教育というものが、ほとんど不可能になってしまっている現状への戸惑いを表明しています。文学の土台である読書にたいする感受性が、学生のなかでほとんど壊滅的に退化してしまっているというのです。「私は、未来の自我と魂にとってどんな住居が存在するのかに関して、ひどい喪失感と恐れの気持ちをいだいている」と、バーカーツは述べています。

こうした言説に示唆されているように、若者たちによって忌避されているのは、たんに学校文化というよりも、その学校文化を基礎づけてきた読み書き文化の総体であるのかもしれません。サンダースやバーカーツの言説には、リテラシーの命運にたいするひじょうに切迫した危機意識が感じられます。一方でリテラシーが崩壊し、しかもかつての「声の文化」もまた、取り戻しようもなく衰弱してしまっている現状のもとでは、それは経験を文脈化する可能性そのものの解体につながりかねないのです。読み書き文化の解体は、すなわち人格や「自我」の危機、人間の自律的文化の崩壊を意味するものになっています。自分で感じ、自分で考えることは、もう時代おくれになっています。学校文化に反発する若者たちの心を、「マスプロ文化の華美な誘惑」(バーカーツ)が巧みに絡めとっていくのは、日本も同じです。資本がつくりだすイメージと商品の流れが、かれらの想像力をかぎりなく受動化し、均質化していきます。

ジェーン・ハーリーの『滅びゆく思考力』は日本にも翻訳されて、大きな反響をよんでいますが、彼女の議論も、アメリカの多くの教師たちのあいだに広がっている同じような危機感を表明しています。

「若者の約九〇%は簡単な文章であれば読むことができる。しかし、その大多数は小学校レベル以上のテキストの理解が困難である。単純な事実を越えて推測したり、著者の力点や主張の流れをたどったり、自分自身の考えを支持する事実を並べるといったことが難しい。国家レベルにおいても、地域のレベルにおいても教授法が改善されているにもかかわらず、大学生の読みの能力と関心は低下している。全米学力向上調査の最新の報告によると、大学で長く使われてきた題材を満足に理解できたのは、高校卒業者のわずか五%の者であったという」(西村・新美訳、大修館書店)

言語経験の貧困化——これは対人接触の質の低下といいかえてもよいのですが——にともなって、子どもの頭脳の構造自体が変化してしまっているのではないか、とハーリーは考えています。彼女の本が、日本でもアメリカでも、大きな反響をよんだのは、そのことと関連しています。文化的環境の変化、言語経験の退化によって、神経細胞(ニューロン)のネットワークにある種の発育不全がおこっているのではないか。——ほぼ同じような危惧を、先のバリー・サンダースも表明しており、こうした危惧が、アメリカの知識人のあいだに広がっているようです。個人の頭の構造というものは、その個人の内部だけで形づくられていくものではなく、外部、すなわち人と人の関係性の下でつくられていくものだ、という認識を、これらの論者たちは共有しています。その環境の質が極度に悪化して、子どもの頭脳の発達を脅かしている、というのです。

日本の、ぼくらの現状に引き戻して、子ども・若者の学びをめぐる状況を考えていきますと、そこには、周知のことですが、二つの現象が見られます。

一つは徹底的な学習拒否。いわゆる教育困難校は、どこも、これで教師たちは往生しています。

もう一つは、学習シニシズム。よく勉強する生徒たちも、ほんとうのところ、その学びの価値を信じているわけではありませんから、かれらの学習態度は、おのずと打算的でシニカルなものになります。試験の成績と直結すれば、過度に敏感に反応する反面、自分で問題を立ててそれを追究したり、興味を広げたりしていくことには消極的になっていきます。知識を暗記することには執心しても、それをもとにして自分の思考を発展させていくわけではありません。知るということは、情報を、なにかニュートラルで非人格的な所有物として、自分の頭のなかに蓄積することでしかありません。与えられた課業をこなしつづけてきた生徒たちは、学ぶということを、所詮、そういうことだと思い込んでいるのではないでしょうか。

この学習のありようは、現代の労働のありようと連動していると、ぼくは考えています。一昨年の秋、教養課程の授業記録を『働くことと学ぶこと』（太郎次郎社、一九九五年）という本にして出版したのですが、ぼくには、その講義がおこなわれている学びの場としての大学の教室が、労働の場としての工場のある種のミニチュアのように思えてならなかったのです。それでそのことを授業の主題に据えたわけです。

資本主義のもとで、労働者の労働はつねに疎外されつづけてきたのですが、今世紀のいわゆるテーラー以後の工場労働において、それはさらに苛酷なものになりました。労働は、労働者にとって、意味も魅力も感じられない苦役となっています。労働者はノルマの重圧に耐えて、仕事に忠誠をつくしさえもするのですが、しかしその勤勉さは、労働意欲の空洞化と表裏しています。そして労働者の「怠け」と経営者側の管理・操縦が、鼬《いたち》ごっこをくりかえしてきた「科学的労務管理」の歴史は、なんとみごとに、近代学校の生徒管理の歴史と重なりあっていることでしょう！

テーラーシステム以後の「労働の格下げ」は、労働と同時に、「学び」のありかたをも大きく変容させたのです。それがもたらした帰結は、労働と学習にささげられる時間の徹底的な手段化です。テーラーシステムは、労働の対価である賃金の割り増しと引き替えに、労働そのものを単純化し、無意味化していきました。労働者はシニカルな態度で、この生の無意味化に耐えていくのですが、このシニシズムは、若者の学びのなかにも浸透していきます。「学ぶ」という行為そのものの手応えではなく、その対価として得られる制度的報償が、学生たちの唯一の関心事になっていきます。対象的世界へのかかわりをとおして自己を形成していく営みとしての学習は、試験の点稼ぎの「手段」となっています。

このシニシズムは、人生の時間を、つまりは生きることそのものを「手段」化していくものといわなければならないでしょう。若者たちは、没意味化された学習をとおして、疎外された労働に向けての予備訓練をほどこされているのです。

たとえシニカルに制度に順応したとしても、その行き着くところは全面的な学びの拒絶で、その意味では、先の二つの現象はとどのつまりは一つのことといえるでしょう。

レジャーランド化した大学の現状が、なによりもよく、それを物語っています。

こうしたなかで「学び」を再生していく手がかりを、ぼくらは、どこに求めたらよいのでしょうか？　明快な答えはだれにも出せないと思うのですが、ぼくはちょっと居直って、この問いそのものを、学びの一つの手がかりにできないだろうか、と考えています。学びを学ぶというのは、たしかに同語反復です。しかし学びを失いつつある自分たちの状況を異化したり、自分たちの学びをあらためて問い直すということが、学びの再生に通ずる一つの突破口のようにも思えるのです。

たとえば、高生研（全国高校生活指導研究協議会）のメンバーが多く執筆されている『講座　高校教育改革』（労働旬報社）のいくつかの実践記録などを拝見しても思うのですが、生徒たちの経験とリンクした学びを実践しようとすると、そのテーマの追究と重なりあって、学ぶという行為自体がさけがたく学びの対象になっていく傾向があるようです。家族だとか、性だとか、環境だとか、かれらの生活世界を批判的に対象化し、それを再解釈しつつ、そのなかで生徒たちは、あたらしい学びの流儀に目を開いていきます。

どうしてそういうことを言うかというと、ぼくは学びということを、知識・技能の同化や吸収という枠組みだけで考えないほうがよいと思っているからです。われわれ教師は、ともすると、「教え」を補完する「教育方法」の問題として、学びを考える傾向があります。教育方法というのは、一定の教育内容があって、それをどう教えるか、と問うことによって成立する概念でしょう。その重点はやはり知識にあります。

「複合的な社会では知識はますます再帰的 reflexive になっている。たんに学習することではなく、学習を学習することが問題になってきている」といったのは、「新しい社会運動」の理論家として有名なイタリアの社会学者アルベルト・メルッチですが、人が「学ぶことを学ぶ」というときの「学ぶ」は、たんに一定の文化内容を自分のなかに取り込むことというよりも、より構成的に自分と世界とのかかわりをつくりだしていく文化的実践を意味しています。

学びは、世界への構成的な関与と不可分です。言語をとおしてであれ、手の労働をとおしてであれ、対象に構成的にはたらきかけるという活動がなければ、学びは不毛なものにならざるをえないでしょう。学校教育とマスメディアは、制作的な諸活動、ものごとにはたらきかけて現実を意味あるものに変えていく文化的実践から、子ども・若者たちを遠ざけるものとして機能してきました。そのことによってかれらを創造的な学びから遠ざけてきたのです。学びをとり戻す、ということは、世界への構成的な参与を、そういうものとしての労働を、とり戻すということと同義です。学校は、子どもたちを活動から疎外し、かれらを教えられる客体として受動化してきました。だからこそあえて、そこにあたらしい学びのイメージを創出することが大きな意味をもつのだと思います。学校もまた、学びを再生する現場の一つに反転しうることを、ぼくらは自らの実践をとおして証していかなければならないでしょう。


「学ぶ」ということの意味をいろいろ考えてきましたが、「学び」には、余計なビラビラだの落とし穴の類もたくさんあって、無条件には肯定できないものだと思っています。たとえば、競争主義、選良主義は、しつこく学びにつきまとう宿痾《しゅくあ》といってよいでしょう。

ある友人が、小学校時代をふりかえって、こんな話をしてくれました。

彼女は虫好きの少女でした。夕方、近くの雑木林に生えているクヌギやコナラに自家製の蜜を塗っておいて、夜遅く、兄と一緒に、蜜に集まるクワガタをとりにいく、といったふうでした。

一年生の担任は、新任の若い先生で、休み時間も一緒に遊んでくれる、子どもたちに人気の高い先生でした。「よく勉強をがんばりました」と書かれた自前の賞状を作っていて、なにか特別にがんばるとその賞状をくれるのでした。彼女の虫好きは、その先生に高く評価されていました。あるときは、蚕の幼虫を養蚕研究所からもらってきて、それを育てました。毎日、蚕の体長を計っていって絵と文章で成長の記録をつけていくのです。出来上がった自主研究ノート「カイコ日記」を学校にもっていって、先生に激賞されたそうです。「よく、がんばりました」という賞状は、いまでも、お母さんが保存していて、実家にいくと古い箱からそれが出てくるのだそうです。

だが、と、彼女はいいます。「自分が小さい頃、虫が好きだったという記憶は、なぜか、学校の思い出と重なると不思議に色褪せてしまう。虫への興味が見せかけだったはずはないけれど、学校のなかでのそれは、なにか余計なものに引きずられていたからに違いない」。虫そのものへの興味よりも、先生に認めてもらうことが、最大の関心事だったからだ、と、いま彼女は当時をふりかえってそう思うわけです。

自分の興味から発したはずの自由研究すら、先生に「認められる」ための、「なにか余計なものに引きずられた」行為になってしまう。そうすると、がんばりが、だんだん重圧になっていく。嫌ならやらなくてもいい自由勉強なのに、無理にがんばりつづけて、三年生になると、もう学校になんかいきたくない、とまで思いつめるようになってしまったそうです。

彼女はいま、一年の半分をタイですごす二重生活者です。日本に帰ってしばらくすると、胸のあたりに黒い染みのようなものが見え隠れしはじめる、と彼女はいいます。その染みの正体をつきとめようとしたら、上記のような学校時代の記憶が甦ってきたのです。タイにいるときは、この黒い胸のしこりはけっして現れない。この黒い染みは大人だけでなく、むしろ大人たち以上に子どもたちが、その胸のうちにひそかにかかえている悲しみでしょう。日本は過剰に学びが要求される社会ではないか、と彼女は感じています。「学び」は、この黒いしこりを、大きくする要因ではあっても、ぬぐうものではありえないだろう、と。

たとえ直接に栄達を求めているわけではないにしても、学ぶという行為には、多かれ少なかれ、はしごを高く登っていく、というイメージがあります。

それは高みに立って広く世界を俯瞰《ふかん》するという誘惑であったり、力への意志であったりするのですが、知と権力の距離の近さが、つねに学びを、上昇志向の轍《わだち》のなかに組み込んでいくのだと思います。いうところのエリート学生のみのことではないでしょう。歴史的にいえば日本人の総体がそういう学びのレースにかりたてられて、今日の地歩をきずいたともいえるでしょう。

その高く築いた塔の上で、私たちは大地を失い、空虚のなかを漂っている自分を発見します。学びによって得られたものは、結局のところ記号の操作能力であり、情報であり、源から切り離された存在の不安です。

じつはこの友人の力をかりて、ぼくらは例年、学生たちとタイを旅行しています。若い学生たちは、タイの自然と人間にふれて、ほんとうに多くのことを学んできます。その学びと、彼女が疑う日本の学校の「学び」とは、どこかが大きく違っています。

かれらに代表されるある種の若者の自己形成には一つの特徴が感じられます。はしごを意志的に降りながら、大地に向かって学んでいく、という感じがあるのです。はしごをおりて足の裏が地面に着地したときに、何かにつながった、という手応えとともに、かれらは自分の生きるスタイルを発見します。もっとも、こんな言いかたは、すこし大層に聞こえすぎてしまうかもしれません。かれら・彼女たちが学んだものは、とりようによっては、他愛もないことなのです。それはたとえば、タイの人びとの暮らしに学んで、庭に柿の木を植えた、というようなことであったりします。だが、そのことの重さを、かれら・彼女たちは自覚しています。そしてこんなことを書いたりします。彼女が何度めかにタイの村を訪れたときの感想です。

「今の私にとってはタイの村の暮らし、ご飯を作ったり、農作業をしたり、機を織ったりとそういうことがとても興味深く感じられている。だから、皆で長く話し合いをしているときなど、たまに『せっかく村に来ているのだから、もっと村の日常生活に触れたいな』という欲求にかられる。これは、日本にいても似たような気持ちになることがある。自分の家の外でやりたいことがいろいろあって忙しくしていると、家でやること、ご飯を作ったり、洗濯をしたり、ということがおろそかになってくる。そうすると『自分は自分の生活を豊かにするために、いろいろ動いているのに、その生活をきちんとしていない』と思えてきて矛盾を感じてしまう。自分が日々生活していくことと、その生活を客観視して変えていくための活動とうまく両立していくことを今は考えている」

大上段にかまえた開発批判などではなく、こういう地平でタイの経験を熟成していく若い人たちの学びのありかたに、ぼくはつよく心を引かれます。それはかつての生活綴り方教師たちが、生活台に立脚するとか、生活知性などとよんだものと、どこかでつながっているような気がします。

親たちをとおして労働の世界を再発見するとか、アジアの農村から学びながら、自らの着地すべき大地を模索するとか、いかにも平成ならではのスタイルとコンテクストにおいて、しかしかれらは確実に民衆知につらなる埋もれた学びの伝統を再生しているのだと思います。

（高生研講演記録）

学びのなかの戦争と平和

正月の休みが過ぎたころ、散歩ついでに近くのお寺に参詣するのだが、いつも見入ってしまうのは、絵馬板に下げられたおびただしい絵馬の文言だ。圧倒的に多いのが合格祈願である。スポーツに関する願とか、健康に関する願とかも多いが、十枚のうちのほぼ八枚近くは、合格祈願ではないかと思う。ただ「第一志望合格！」と記されているもの、第一、第二志望校を連記して願をかけているもの、なにとぞ県立高校へ、というもの、いろいろあって見飽きない。ともあれ受験というものが、どれだけ人びとの、とりわけ若い人びとの強い関心事になっているかが、こんなところにも示されている。

これだけの心理的なエネルギーと時間を進学と受験に向けているのだが、当事者である若者たちは、そのことをどのように意味づけているのだろうか。『朝日新聞』で高校生のこんな投書を見かけたことがある。

「なぜ私たちは学校へ行くのか」というテーマでクラス討論をした。すると大半の人が、「世間体があるから」とか、「大学進学や就職のため」と考えていることを知った。「同じ年の子どもたちが計画的に教育を受けるため」と、思っていた私はちょっと違うのではないかと思った。

では「教育」とは、何であろうか。辞書でも「教え育てること」とあり、まさに字のごとくなのだが、それではいったい何を教えてもらうのか。

私たちは授業で、「ここはテストに出やすいから暗記しなさい」とよくいわれる。だが、私には入試対策を教えてもらったからといって、私の何が育っていくのかわからない。私たちの目標はいつのまにかまわりにおされて「○○大学合格」になってしまっている。果たしてこれでいいのだろうか。

私たちは「なぜ学校に行くのか」を分かっていないし、そして「教育」を受けている本人たちが、何を教育されているのかも分からないのが現実なのだ。

教育とは何か。私たちが本当に学ぶべきことは何なのか。だれか教えてほしい。

（岡田　啓子　17歳　93・4・22　朝刊）

何を教育されているのかも、よく分からぬままに、没意味的に「教育」を受けている、もっといえば「教育」にふりまわされていることの不気味さを、投書者はうったえているのだろうと思う。受験の強迫は、そのことにたいして人間を不感症にしていくものなのだろう。

そこに全力を投入しながらも、そうした自分の営みの意味についてのいっさいの問いから頑なに身を閉ざすのは、学生だけではなく、システムの歯車と化した近代人に通有な行動様式であるといってよいだろう。皮肉な見方をすれば、まさにそうした心性を教育は育てているのだというべきかもしれない。

はっきりしていることは、この競争的な受験システムはたえず「勝者」と「敗者」を生み出しつづける、ということだ。それは必然的に、前者のなかに傲《おご》りを、後者のなかにフラストレーションをはぐくむ。競争社会のなかでは競争は永続的にくりかえされるから、ある段階における勝者も、次の段階ではしばしば敗者に転落する。たえず脱落の脅威にさらされ、あるいは失意と屈辱を味わうことのなかで、人間が形づくられていくとき、その社会の文化は強度に抑圧的で、それゆえに攻撃的なものにならざるをえないだろう。ストレスの高い社会はつねに暴力をはらんだ危険な社会である。

美術批評家のハーバート・リードは『平和のための教育』のなかで、好戦性や攻撃性は社会階級・職業によって大きく異なっており、戦時において人びとが示す、あの激しい国家主義的な攻撃心が、なぜか農民においては希薄であると、指摘している。この指摘の当否についてはさまざまな議論がありうるだろう。それにしてもそこに重要な示唆がふくまれていることは否定しがたい。自然のリズムと一体化して、自分自身の独自な天地を形成していくことができれば、人は攻撃的にはなりえない、というのが、リードのここでの主張の核心である。「わたしは大胆にこう言い切ってもよいと思う。戦争はいつでも、怠惰な人々によってつくりだされたものだ、と。――〈怠惰〉とは、筋肉労働に能動的に従っていない人々という意味である。――戦争はいつでも、白い手をもち清潔なカラーをつけた連中によって秘かに計画されたものであった」。競争教育は人間を「怠惰」にした。リードのいう意味での「農民」的な心性から、いま、私たちはますます遠ざかりつつあるようだ。

もうお気づきかもしれないが、リードはじつはルソーの『エミール』をベースにして、かれの議論を展開している。エミールの思想をパラフレーズするかたちで、リードは教育の二つの基本原則を提示している。第一の原則は「事物による教育」、ルソーの言葉をつかっていえば、「子どもを事物の世界にのみ置け」という原則である。それ自体が「遊び」でもあるような「労働」、五感をもちいた事物との相互作用、それこそが、人間形成の原基である。第二の原則は「人々を分裂させるのではなく、結びつけるように教育する」ということ、要するに競争主義の否定である。教科書主義や暗記主義を克服すること、そして学びの共同性を回復すること、それが平和教育の出発点であるとリードはいっているのである。自然と労働と仲間、そうした人間的生のもっとも中心的な条件を思いきりよく手放したとき、人はその欠落を結局は暴力によって補償することになる。それは個人のレベルでも社会のレベルでも同様だ。

われわれの社会では、一億総中流化の幻想とはうらはらに、階級的な較差が近年ますます明瞭になりつつある。その階級分化をもたらすもっとも有力な装置となっているのが、学校教育である。学校は、人間形成などよりもまずは社会的選抜装置としての機能を第一次的に期待されているのであり、またそれを遂行しているのである。

リードはこうもいっている。

「われわれは、教育の過程を民主的にしようとすればするほど、ますます人々を分裂させる方法を徹底しておこなうことになっているのである。たとえば、イギリスでは、十一歳のときにテストがおこなわれる。このテストで、子どもたちは中等教育を受ける資格があるかどうかが決定される。富める者と貧しき者、ブルジョアとプロレタリア、上層階級と下層階級のあいだに嘗てあったような、決定的な社会の分裂を、このテストがつくりつつあるのだ。その昔において、社会階級の違いは、相続した財産や系図によって決定された。いまや、これは知能によって、国家の教育制度によって、決定され統制されているのである。それが、少なくとも、国民教育制度というものの理想なのであろう。社会には、階層制度が望ましい、あるいは避け難い。そうなら、親からの遺産を基礎にしたものよりも知能検査を基礎にしたもののほうがよい、というのだろうか。しかし、どれほど完全にいったとしても、このような制度は人々を分裂させる。人々の結合をつくり得るものではない」

(周郷博訳・岩波書店)

いわゆる機会均等の原則によって、子どもたちには不平等になる機会が均等に与えられるようになった。公平な競争の結果として、勝者は勝者となり、敗者は敗者となる。拡大する社会的な較差は、本人の能力と努力の相異によってうまれたものであって、そのかぎりにおいて、それはより公正で正当化可能なものである、ということになるだろう。いわれなき差別ではなく、いわれある格差によって、人びとは分離され階列化されるのだ。

もっと重大なことは、その「能力」のピラミッドが同時に人間の「価値」の尺度にすらなって、われわれを呪縛していることだ。価値の尺度が一元化して、その一つのものさしのうえでの差や序列が、個人の自己確証の唯一の手立てになってしまっているのである。自分が何者であるかは、学業成績において、他人にどれだけの差をつけたかで決まる、というわけだ。学校関係において成功した者だけではなく、失敗した子どもたちすらもがそう思い込んでしまっている、ということは深刻だ。今日の教育が多くの子どもたちのなかにどれだけ大きな無力感を育てているかは、計りしれない。

絵馬の数々が示しているのは、受験の成否が自分の人生のすべてを決めるという切迫した思いである。この呪縛を解くのは何なのか。

私たちがほんとうに学ぶべきことは何なのか、と、先の投書の高校生は文末で問いかけていた。それを「教える」ことは、だれにもできないだろう。

しかし、と私は思う。「私たちが本当に学ぶべきことは何なのか」を、自分で見つけだしていくことこそが、最大の学びではないのか。

教育における競争主義がそう簡単になくなるとは思えないが、すくなくとも、その呪縛からわれわれが自分をすこしでも解き放っていくためには、学びを自分自身の行為としてとりもどしていくことが重要だろう。その切り口を、彼女のこの問いは開いているのではないだろうか。

（一般教養・一九九六年一月十一日、講義資料）

1 学びからの大脱走《エクソダス》がはじまった

もう学力という概念では考えない

そろそろ入学試験の季節です。

今年も、入試の監督にかりだされます。ときには出題や採点をすることもあります。監督しているあいだはタイクツなので、かつては問題文を読んだり、アタマのなかで答案をつくったりしていました。試験問題のなかにはそれなりに面白いものもないわけではなく、ヒマつぶしには最適でした。

ちかごろ、それが億劫になってきました。問題文を読むことさえもが、面倒になってきたのです。することがないので、ただなんとなく受験生の顔や外の景色を眺めています。

自分がそういう気分になってから思ったのですが、これって、もしかしたら「おちこぼれ」の生徒の心理状態ではないでしょうか。呆然と外を眺めているときの倦怠感には、そう思わせる何かがあります。要するに「乗って」いけないのです。

ぼくも、出題をするときは、ずいぶんとアタマを捻って、できるだけ「思考力」や「応用力」を問う問題をつくるようにしています(いました)。社会科関係の科目は、どうしても暗記中心の試験になりやすいので、たんなる知識の有無ではなく、その知識をつかって何かを考える問題を出したいと思っている(いた)のです。

そういう努力を独善の一語で片付けてよいのかどうかは、ぼくには、まだよく分かりません。ただ受験生の側からすれば、それはひじょうに迷惑なことであったと思います。試験というものは、所詮、能力のテストにすぎません。テストされるために考える、というのは、ものを考える場面として、きわめてイビツなものであるといわなければなりません。そういう仕方でものを考えたり、問いに答えたりすることに――しかも限られた時間のなかで――、かれらが「かなわん」という感じをもったとしても、それは当然でしょう。

ぼくはいまの若者の「考える力」や「学ぶ力」が、とりわけて低いとは思っていません。ただ、かれらは「考える」ことにも、「学ぶ」ことにも飽いています。それはつねに試されるための、選別されるための行為でしかないからです。

「考える」ことや「学ぶ」ことを、そういうかたちに貶《おとし》めてきた人たちが、またぞろ学力危機の大合唱をはじめています。

たしかに試験をすると、記憶を問う問題には正答率が高く、考える力を問う問題だと成績は急落します。これをもって学力の低下や思考力の危機を言い立てることになりがちですが、受験生の実感としては、要するに「カッタルイ」のではないでしょうか。思考する内的必然性がないのです。だったら暗記問題を出してもらうほうが気がラクというものでしょう。

学力不振、学力危機の叫びは、昨今ますます声高になっているようです。しかし、もっと問題にされなければならないのは、若い世代のあいだに行きわたっている「学習にたいするシニシズム（冷笑主義）」ではないかと思うのです。

最近、『分数のできない大学生』という本が出て、よく読まれているようです。それによると文系の大学生のなかには、分数ができない者もいるのだそうです。数学で受験しなくても大学に来られるようにしたために、そういう事態を招いてしまったのだと著者たちはいいたいようなのですが、数学が入試科目から消えたら分数もできなくなってしまう、そういう学習のありようこそが問題なのではないでしょうか。

これは何も数学にかぎったことではありません。歴史の教師たちは、日本史が入試科目にないクラスでは日本史の授業は成り立たない、といって嘆きます。学ぶということは、もっぱら入試のために学ぶということであって、そのタガをはずしたらもう学習は成立しないのです。

日本の子どもたちの「学力」水準なるものが、そういう学習によって支えられてきたということを、ぼくらはあらためて直視する必要があります。タガがゆるんだとたんに、砂のお城は崩壊していきます。昨今さかんなのは、だからもう一度タガを嵌《は》めろという議論でしょう。

地くずれは、しかし意外に深いところで起こっているのかもしれません。受験体制にシニカルに適応してきた子どもたちの、学びからのシニカルな逃走がはじまっています。タガそのものを受け入れない「おちこぼれ」が、多数派になりつつあります。どのみち敗者になることは目に見えているのだから、はじめからゲームには乗らない、ということでしょうか。かれらのその洞察は、勤労者社会の未来のありようと符合しています。

学力の不振などというときの「学力」とは、いったい何を意味しているのでしょうか。結局のところ、それは「学力テスト」で測定された能力ということでしかないでしょう。そのテストがほんとうに問題にしていることは何かといえば、それは子どもの能力の内実などではなくて、かれらを序列化し、選別することなのです。数学自体はほんとうはどうでもよいのであって、数学が社会的階層化の有効な手段であるかぎりにおいて、数学の履修が義務化され、入試科目として重視されてきただけの話です。子どもの側からいえば、要するにテストでよい点をとれば、それでよいのです。

そうした「テストされるための学習」に励んできた学生たちのなかに、学びへの不信や嫌悪が根づいていくのは当然のことでしょう。

ぼくが日常的に接している大学生は、とにもかくにも受験をくぐり抜けてきた若者たちです。つまり、テストで出される問題に、まじめに答えるための努力をしてきた若者たちです。その学生たちのなかに、ぼくは学習にたいする強烈なシニシズムを感じます。受験にそれなりに適応してきたかれらと、あらゆる学習に背を向けた「おちこぼれ」たちの距離は、紙一重なのです。同質の学習の腐食がすすんでいて、とりあえずの現れかたがずれているにすぎません。がんばれば成功するというゲームの神話に影がさせば、つぎには大崩落がはじまるでしょう。

再度いいますが、この腐食を「学力の危機」と捉える議論は、皮相で無力な主張です。「学力」という強迫観念こそが、子どもたちの学習シニシズムを育ててきたのです。子どもたちが「問題を考えること」そのものを拒絶しはじめていることに目を向けないで、正答率の低さをあげつらっているのが、昨今の「学力」論議だと思います。若者たちが「問題を考えること」そのものを拒絶するのは、かならずしも、かれらが「無気力」だからではありません。というより、その「無気力」こそが、あたらしい自分の学びを生みだしていく下地なのです。

試験され選別されるための「学力」競争は、もうたくさんです。学ぶ喜びを深く耕していくためには、「学力」という概念を捨て去ることがまず必要なのです。

（季刊『教育と文化』第十八号）

1 岐路に立つ学校と社会

――二元的能力主義の反動期

このシンポジウムの主題は、「岐路に立つ家族・学校・社会」となっております。家族と学校と社会がいま、大きな曲がり角に立っていることは明らかなのですが、しかし個々の現場では、なんと言いましょうか、走りだしたら止まらないというか、いままで走りつづけてきた道をさらに拍車をかけて走り続けようとする動きのほうが、かえって激しくなっているのではないかという気がいたします。後藤道夫さんがおっしゃったようにいまや「標準」は崩れつつあるわけですけれども、崩れれば崩れるほど、その「標準」に執着し、その「標準」のなかではい上がっていくことを競う傾向が強まっているわけですね。そういう意味ではいまは激烈な反動期ではないかと思っています。

私は竹内常一さんと同じ国学院大学に勤めておりまして、教職課程を担当しております。ですから毎年かなりたくさんの教育実習生たちの実習レポートを読んだり話を聞いたりしします。教育実習をお願いしていてこういうことを申し上げるのはどうかと思いますけれども、ここ数年、痛感しております傾向は、年ごとに受験体制が過激化しているなということです。だいたい教育実習は卒業生でないと受け入れてくれませんので、みんな自分の出身校に行くのですけれども、その彼らが仰天しているのですね。「オレたちが高校生のころはあんなじゃなかった」と。とくに地方、それから私立はその傾向が強くなっているような気がいたします。従来、大学進学者をそんなに出していなかった学校も、いまや進学校化を競っている。それだけに、といったらいいでしょうか、短絡的で、やたらに身振りの大きい、ある意味で必要以上に過激な受験教育が行なわれているような感じがしているわけです。ともかく毎日の授業そのものが、内容的にも形式的にもまさにテストのための授業になっています。受験科目ですと、教室はひじょうに静かで、生徒たちは熱心にノートを取ってくれるんですけれども、反応というものがぜんぜんない。一方、受験科目からはずれた科目だと、生徒はざわついてしまって授業がぜんぜん成立しない、と言って実習生たちは嘆くわけです。

ほとんどの学校では歴史の授業は完全に暗記の授業になっているといっていいように思います。国語の、たとえば古文の授業なども、事実上、語彙と文法の授業になっている。古文の文法というのは古典を読むための文法なんだろうと思うのですが、肝心の古典を読まないで、テキストを読むことをいわばすっとばして文法を一生懸命覚えているという感じがいたします。これはかならずしも高等学校だけではなくて、小学校・中学校でもあるいはそうなのかもしれません。夏目漱石を読もうが森鷗外を読もうが宮沢賢治を読もうが全部書き取りの練習になってしまうというようなことがあるわけです。漢字の場合にはその漢字を生活のなかで使うわけですからいくらか意味があるのかもしれませんが、こういうふうにして学んだ古文の文法なんていうのは、試験が終わったらただちに無用の長物になってしまうと思うのです。

実際、大学入試でも漢文や古文がだんだんはずされる傾向になってきています。ぼくはこれはけっこうなことだと思います。古文や漢文というのは入試制度によって守られた国語教師のお城なんですね。制度によって守られた領地のようなものです。十二世紀の日本には「一所懸命」という言葉がありました。一つの領地を命がけで守る。権力に忠勤を励み、いくさで手柄をたてて、所領を安堵してもらう。教師のプロフェッショナリズムというのは結局、この「一所懸命」につきるんじゃないか。そういうしかたで制度に寄生し、自分たちのお城にしがみつけばつくほど、その営みはますます空疎で無意味なものになっていく、そしてそのことによって実質において自分たちの営みの基盤を掘り崩してしまっているのだと思います。

二──「学び」に対するシニシズム

問題はけっして古文だとか漢文だとかだけではないように思います。問われているのは、そういうスコラティックといいましょうか、学校的文化そのものなのです。つまり、教師がそこにしがみついている教養とか文化の総体こそが問われているのです。そういう教師のいわば制度への依存と対応する形で、学生のなかに、あるいは生徒のなかに何が起こっているかということなのですけど、ひじょうにはっきりしているのは「学び」にたいするシニシズム（冷笑主義）です。これはひじょうに過激なものになっているとぼくは思います。学習にたいする態度が徹底的に功利的というか、打算的になっている。学ぶということはテストでいい点を取ること、そして他人と差をつけることであって、それ以外の何ものでもない。成績と結びつけばなんでもするけれど、結びつかないと絶対にうけつけない。

よく学生が来て、私たちは自分の得になることしかやらないと嘆いたりするのですけれども、自分の得というよりも、そもそも自分がないんですよね。学びのなかに自分がない、ということが、功利的・打算的な学習の最大の問題点なんじゃないかと思います。何を学んでもその知識はテストに答えるための知識であって、何を学んでも、その内容自体は自分のアイデンティティとは何のかかわりもない。

先日、電車に乗っておりましたら、どこかの高校生が試験勉強をしているんですね。ノートを見ながらお互いに問答をしているんですが、「水俣病の原因物質は何?」「有機水銀じゃないの?」とか、「イタイイタイ病の原因物質は?」「カドミウム」なんていう調子でそういうふうなことを一生懸命覚えているのです。こういうふうに勉強して、この人たち、ほんとうに環境問題に関心を持つようになるのかなあと、ぼくは疑問に思いながら見ていたわけです。環境問題とか人権の問題とか、現代社会の切実な問題が最近はいろいろ教育内容に入ってくるんですけれども、生徒にとっては結局、覚えるべき知識でしかなくて、そこに自分はぜんぜんかかわっていないわけです。

ですから世界についての知識や情報はどんどん与えられるのですけれども、与えられれば与えられるほど、自分自身は世界からはますます隔離して、自分の関心は小さな世界、小さな私的世界に自閉していく、これが今日の学習の支配的なあり方ではないかというふうに思えるわけです。知識と自分とが完全に切れている。知識はモノ化され、疎遠化されているわけです。学習の内容のなかに自分というものが入り込んでいませんから、学べば学ぶほど学習から離れていってしまう。当然、過激化する受験勉強とは裏腹に、内発的な学習意欲が枯渇していくことになるのです。

そうすると、いったん受験という重石がとれれば、もう学びは成立しない。大学はまさにレジャーランドと化している。もっともこうした現象、これはかならずしも学生や生徒に特有なものではないだろうと思うのです。とりわけ日本では学問そのものがきわめて功利的・打算的な利害にもとづいて行なわれてきたし、またそういう観点から助成されてきたと思います。知的行為はもっぱら利害によって動機づけられてきた。学生や生徒たちの学習態度は、われわれの社会における知のあり方、言ってみれば制度とカネに寄生した知のあり方そのものの反映ともいえるでしょう。大学レジャーランド化を嘆く大学教員の研究なるものが、その営為の根底において、大学受験生の学習とどれだけ隔たっているといえるでしょうか。

二――個人の時間のモノ化・手段化

生徒にとって学習がやらねばならぬ業務として存在しているということと、職業人にとって労働がそういうものとして存在しているということは、正確に対応しています。サラリーマンはスーツを着て行動しているあいだはもはや自分の時間を生きてはいない。時間は手段として、交換価値としてモノ化されているわけです。小学校から大学に至る十六年間の学習教育は、自分の時間を商品として資源化し売り渡すための準備期間のごときものとして存在している。つまり、スーツを着るための準備期間として存在している。

学生生活というのは確かに子どもたちにとって一種のモラトリアムの期間ではありますが、それは同時に若者をあらかじめ産業制度用に育てる保育機器のようなものでもあります。産業社会の時間に同化するその準備として学習は組織されています。こういうふうに時間のあり方を産業社会向けにtune upすること、産業社会はまさにそれを求めています。個人の時間は手段化されます。自分のいまをかけがえのない時間として精一杯生きるのではなく、人は将来の利点のためにそれを投資するわけですね。その投資の形態がつまりは学校教育です。

その目標とされる将来なのですが、これは順次先送りされていきますから、そこに行き着くための道程も無限に繰りのべられていきます。中学校というのは、高等学校へ入るための準備の期間であり、高校は大学入試のための準備、大学は就職のための準備。大学でも最近はひじょうに就職が厳しくなっていますから、準備的性格は強くなっています。就職しますと、そこでまた「時間の手段化」の新しいサイクルがはじまります。この繰り返しはどこまでも続いていきます。学ぶということ、生きるということは、所詮、そういうことなのだと納得した、産業社会の若い担い手たちを大量に生み出してきたということでは、日本の教育は比類なくみごとにその機能を遂行してきたといえるのかもしれません。

四——多元的能力主義の受け皿は社会にない

一元的能力主義に代わるものとして文部省が打ち出している多元的能力主義、これは、ぼくは全体としてはやはり破綻するだろうと思います。個性だの多様な能力だのといっても、産業社会におけるその受け皿は存在しません。従来の能力適性に応ずる多様な教育と同じように、このたびの多面的能力主義も結局は縦割りの選別と階層化を美化するレトリックになっていくのではないでしょうか。しっかりとしがみついて梯子《はしご》を登っていく子どもたちの心と体の硬直。そして一方で、人生にあらかじめ見切りをつけてしまった子どもたちの荒れとすさみ。これはメタルの表と裏です。重要なことはノンエリートが誇りをもって人生を生きていける社会をつくりだしていくことですが、それとはまったく逆な方向で産業社会の階層分化が進行している以上、競争社会の人間的病理は、さらに破局的なかたちで内訌するほかはない。

その結果がひいては日本資本主義の活力を深部において掘り崩すものであることは明らかで、その危機感から今日の教育改革も出来《しゅったい》しているのでありましょうが、多元的能力主義の名において社会的選抜をどれだけ合理化してみても、それは子どもたちの希望と再生の原理にはなりえないでしょう。

ちょっと先走ったもの言いになってしまうかもしれませんけれども、われわれがいま考えておかなければならないことは、多元的能力主義のあとに何が来るかということでしょう。一元的能力主義への逆戻りということはもはや不可能でしょう。だとしますと、その後、いったい何が来るのか。いわゆるボランティア活動の義務化なども含めたやわらかな徴兵制度のようなものが学校教育にとって代わることもあるかもしれない。いずれにしても、学校の失敗をどういう仕方で乗り越えていくかによって、われわれの社会のあり方そのものが大きく変わっていくことは確かでしょう。

われわれはいまひじょうに重大な岐路、重大な転機に立っていると言わなければならない。学校教育の未来というのは総じてけっして明るいものとはいえないように思うのですが、われわれは各論の部分で風穴を開けていくほかはないのではないかと思います。

五——学びのスタイルを創りだす

ぼく自身は、二つのことを考えていきたいと思います。一つは既成の学びのイメージを掘り返し、突き崩していくこと。自分たちの学びのイメージを変えることそのものがいま、もっとも必要な学びの内容だろうと思うのですね。学ぶべき内容があらかじめ決まっていて、それをどう学ぶかを論じてきたいわゆる教育方法論は、根本的なパラダイム転換を求められているのではないでしょうか。自分たちの学習のあり方に何ほどかの疑問や違和感を抱いている学生はけっして少なくありません。必要なことはそれを言説のレベルではなくて、行為のレベルで乗り越えていくことだろうと思います。つまり、自らが動いて学びをつくりだしていくことです。その学生たちの営みにどれだけ共同者としてコミットしていけるかが教員としての私に問われていることなのではないでしょうか。

そのためにも、学校のなかに非学校的な学びの場を創りだしていかなければならないのだと思います。マス化された大学のなかで、「学びの共同体」といえるようなものを、残念ながら私たちはまだ創りだしえてはいません。しかしそのイメージだけはさまざまな試みをとおして探りつづけていきたいと思っています。

(『高校生活指導』一九九六年一二八号)

2 自らの学びをつくる力をどう育てるか

いまさらのことではありませんが、子ども・若者たちの知識・学習にたいする割り切り方は近年ますます過激なものになりつつあるようです。受験のための学習以外のいっさいの学習に、背を向けている者が少なくありません。

制度知の修得の度合いによって「学力」が評定され、進路が決定される競争的な学校システムのもとで、子どもたちの学習態度が、極度に功利的なものになり、それゆえに隷従的・受動的なものになっていくのは、当然といえば当然のことかもしれません。

社会科においても、それが顕著に現れています。社会について何を学ぼうが、それは生徒にとっては「覚えるべき」事項の一つにすぎません。水俣病の原因物質が有機水銀で、イタイイタイ病のそれがカドミウムといった知識や情報を、子どもたちは自分たちの社会や環境を考えるためではなく、試験の成績で「差」をつけるために頭のなかにたたき込むのです。世界にむかって自分を開いていく窓であり、扉であるはずの知識は、そのようにして無意味化され、子どもたちは世界にたいしてますます自分を閉ざしていきます。

学ぶということは、本質的に自分とかかわる営みであるはずです。その世界とむき合う自分というものがすっぽりと抜け落ちていくから、学習はひじょうに機械的・抽象的な事務作業のごときものになっていきます。その事務の遂行度と効率によって、「能力」が判定されていくことにたいする強迫観念が、子どもを学習に駆り立てる唯一の動機づけとなっているかのようです。

こうした学習のイメージは生徒たちのなかに深く定着しています。それを忌避して「自由の森学園」に入学した生徒たちのなかにも、それはしっかりと定着しているといわなければなりません。だからこそ、多くの生徒たちは、学びそのものを忌避するのだと思われます。とりあえずのところで言ってしまえば、生徒たちのかなりの部分は、「学ぶ」ためではなく、「学び」を忌避するために「自由の森」に入学したと考えるほうが、むしろ現実的でしょう。（大学に入って「自由」になった学生たちに起こっている状況も、これと同じです。大学は、よかれあしかれ、いまや一種のレジャーランドとなりつつあります。）

こうした生徒たちにたいする、あるいは生徒たちのなかに盤踞《ばんきょ》している学習イメージにたいする挑戦として取り組まれてきたのが「自由の森」の授業であったと思います。「教師主導の一斉授業」とはいうものの、それが、それなりの成果を収めてきたことを率直に評価してよいのではないでしょうか。

この生徒にたいする挑戦は、少なくとも二つの戦略のうえに行なわれたといえるでしょう。

第一に学習指導要領や教科書の内容を、一種の行政事務として、そのまま授業化するという態度を、「自由の森」の教師たちは拒絶しました。知識は、それを語り、それを学ぶ人間によって、知るに値する知識として価値化されるからこそ、かれ自身の生きた知識となるからです。そういう意味では、知識というものは、本質的にパーソナルなものであるといわなければなりません。

まず教師自身がこれはと思う教育内容を選びだしていくということが、「教え」や「学び」を生きた人間の行為として取り戻していく出発点でした。「自由の森」の社会科の十年は、授業実践をとおしての教師の教育内容づくりの十年だったといってもよいのではないでしょうか。

第二に、しかし教師の「教えたい」内容が、そのまま生徒の「学びたい」内容になっていくわけではありません。実際の授業のなかでは、生徒にとってどうなのかが、つねに問われることになります。

授業のなかで、具体的に生徒たちに向かってなげかけられるのは、教師が構想している教育内容そのものではなくて、その教育内容に迫っていくための教材です。教材が教えることと学ぶことを媒介しています。教材が生徒にとって〈身近〉であるというときの、その「身近さ」の基準として、安井俊夫氏は以下の二つをあげています。教材選択の目安として、これは重要だと思います。

☆生徒がすぐにとびこんでこられる「入りやすさ」
☆生徒がどうしても真剣に考えざるをえない、さし迫った「切実さ」

もっとほかの基準もありうるかもしれません。が、いずれにしても、生徒が身を乗りだして意見の言える「身近さ」ということが重要でしょう。

実際の過程では、この教材を見つけだす仕事と、教育内容づくりとは、一体です。授業というフィードバックの場をとおして、原則的といえばきわめて原則的なこの二つの仕事を積み上げてきたのが、「自由の森」の社会科実践ではなかったか、と思います。

生徒中心という志向をさらにおしすすめていくときに、個別学習や自由研究という発想がうまれてきます。学びは、学ぶ者たちの共同の行為として成立するものですが、同時にまた、一人ひとりの学習者が、かれ自身で担うほかはない個的な行為でもあります。それぞれの個人において、知は、パーソナルなものとして全体化されるからです。

teaching curriculum を learning curriculum にきりかえ、生徒が自ら学ぶ、ということを徹底的に追求するとき、学習の個別化がきわめて重要なものになっていくことは明白です。

しかしだからといって、一斉授業か個別学習か、と択一的に対置してしまうのは、生産的とは思えません。重要なことは、それぞれの生徒が自分で知識を文脈化し、ストーリイ化していくことです。そうした個人のいとなみを生みだし培う場の一つとして、授業を位置づけていくことが必要ではないでしょうか。

一斉授業の最大の欠陥は、生徒を受け身にしてしまうことです。だからこそ逆に、授業にどれだけ深く生徒が参加するかが重要になってきます。授業のなかで生徒たちがじつに活発に意見をいい、自由に議論しあうのは、「自由の森」の社会科授業の誇るべき特徴の一つだと思います。生徒と教師が一緒になって授業をつくっているという感じがあります。しかし、そこでの議論を、それぞれの生徒が個人のレベルでどう受けとめ、どのように文脈化しているかについては、あまりフォローされているとはいえません。その場かぎりの議論ではなく、それぞれの生徒が持続的に問題を追究し、自分の「物語」を構成していくことが必要です。そこをどうするかです。

一つ、重要かなと思うのは、ノートです。日本の学校では、ノートは書き取り帳になってしまっています。

先生の言ったことをメモしておく書き取り帳です。印象に残った話を記録することはたしかに大切ですが、それだけではなく、自分のそのときどきの思考や感想、つまり自分の学びの軌跡を刻んだアルバムとして、それぞれの生徒がノートをつくっていくことはできないだろうか。

授業以外の場での見聞や活字メディアから得た情報をそのなかに織り込んでいけば、ノートづくりは実質的に自由研究とも重なりあっていきます。

形態はどうあれ、「書く」という個別の作業と、授業のなかでの集団思考とを結びつけていく何らかの手だてが求められているのではないでしょうか。

学びを真に生徒自身のものにしていく、ということは、「自由の森」のその自由をどう内実化していくかということと密接に結びついています。

忌憚なくいってしまえば、「自由の森」の自由は、与えられた自由、「パンとサーカス」の自由に転落していく危険を不断に含んでいます。自由は、抑圧の下で自らたたかいとるものであって、与えられるものではありません。「自由の森」で与えられた自由を謳歌しても、自ら自由を獲得していく力が育つわけではありません。自由がたんに享受するものとしてあるかぎり、それは奴隷の自由にすぎないからです。

自治が問われるのは、まさにそれゆえです。この十年、一部の生徒たちの真剣な取り組みがあったにもかかわらず、総体としていえば、「自由の森」の生徒たちは、自治を追求するという困難な課題を回避して、ぬくぬくと与えられた自由を消費してきたといわなければなりません。

「パンとサーカス」の自由によって育まれるのは、水面下における恣意と力の支配です。人びとが消費する自由を謳歌している、その足下で、暴力が増殖していきます。自由な討論を保障するパブリックな空間と、それをささえる集団の力を自ら構築することによって、人間は恣意的な暴力の支配とたたかってきました。そうした公共圏と集団の力を、自ら形成していく意志と能力を、一人ひとりの生徒が培っていく場が「自由の森」でなければならないのではないでしょうか。

授業は学校生活の一つの環節ですから、学校生活のスタイルや、その文化は、授業のうえに大きく影を落とすことになります。学校がレジャーランド化していけば、授業は教師のパフォーマンスとして商品化されていきます。それは一種のサーカスとなります。テストのための勉強よりも、サーカスのほうがずっとマシだとは思いますが、楽しみを消費することで、ひとは「自由」になるのでしょうか。

「自由の森」に「パンとサーカス」を求める生徒が、ここ数年ますます増えているのではないかという印象を、ぼくはもっています。日本の子どもたちの全体に、そういう傾向がさらに強まっているということでもあるし、その波がかつてよりもより直截に「自由の森」に波及しているということでもあるのでしょう。

だから授業への参加ということは、授業だけの問題として、きりはなしては考えにくいことです。自らの学びをつくるということは、生活をつくるということと、別なことではありません。

そこのところから取り組んでいかないと、授業も行き詰まっていくのではないでしょうか。

(『じゆうの森』第六号)

授業に出てこない生徒諸君に

この年になって痛感することの一つは、学びのない人生は悲惨だ、ということです。お金もうけとか、権力の追求とか、消費する歓びとか、人生を彩るものはさまざまにあるのでしょうが、その人のからだに究極に残るものは意外と少ないのではないでしょうか。往年の人生の華やぎを誇らしげに回顧する老人たちを見ていると、率直にいって、こうはなりたくないな、と思います。学びは、老醜との戦いです。

学ぶ、ということは、教科書に書かれていることを暗記することではありません。世界のまえに立って、それに応答することです。好奇心と驚きをもって、世界と対話することです。そうした学びを持続することのできる人は、精神において、つねに若いのです。

「学び」というとき、君たちは、どんなことをイメージするでしょうか。学校が君たちに植え付けてしまった「学び」のイメージは、「学び」とは似て非なるものです。それは開かれた世界との対話ではなく、既成の世界への順応であり、要するにテストの問いに正しく答えるための調教訓練にすぎません。そういうネガティブな「学び」に慣れ親しんでしまった若い人たちが、そのことによって、「学び」そのものを放棄していくとすれば、これほど不幸なことはありません。学ぶ歓びを知ることは、けっして試験でよい点をとるための方便ではなく、自分自身の人生をもっと味わい深いものにしていく不可欠の手だてなのです。くりかえしていいますが、学ぶ歓びを知らぬ人生は、貧しく悲惨なのです。

ぼくは若い人たちを見ると、六十年後、七十年後のその人の姿を思い浮かべることが多くなりました。一人の人間の六十年後の姿のなかには、それまでの六十年の人生の実相が刻み込まれています。老年期はけっして「老後」ではなく、人生の総体の表現なのだと思います。素敵な老人になるだろうな、と思う若者もいますが、寒々とした未来を思い浮かべてしまう、若年寄りも少なくないようです。そういう青年にかぎって、老いることを不当に怖れ、軽蔑します。

相変わらず、自由の森では授業への出席者が少ないようです。みんな授業をさぼって、「若さ」を謳歌しているのでしょうか。

ぼくは、授業というのは、他者と交流する場であると同時に、自分のなかに「引きこもる」場でもある、と思っています。授業に出てこない生徒の多くは、他者との交流を回避している、というよりも、自分の内部への「引きこもり」を怖れて群れているのではないでしょうか。いまの老人たちの多くがそうであるように。「引きこもる」場所が脆弱だと、私たちは他者とのあいだに厚い障壁を構えて、その内部で自足するか、反対につねに「仲間」を求めてその群れのなかで安堵することになります。ぼくが、君たちにお勧めしたいのは、ちゃんとした「引きこもり」の場をつくれよ、ということです。四六時中、仲間と交わっているだけではダメだと思います。一日の時間の大半が携帯電話とともにある、などという精神状態は、もう立派に耄碌《もうろく》状態だと思います。

意外なことに、授業というのは、ひじょうに強靭な「引きこもり」の砦なのです。ものごとの追求が深まると、人間は、自分の内部に没入していきます。授業というのは、他者と考えを交流しながら、自分の固有の世界をつくっていく営みです。授業に出るということは、教室でおこなわれている「儀式」に参列することではなく、自分の人生の内実をつくりあげていく、その人自身のパーソナルな営みです。このパーソナルな次元での自分づくりを放棄した人間は、日本的な集団主義の轍の内部で人生の円環を閉じていくほかはないでしょう。

自森の授業の質は、ひじょうに高いと、ぼくは思っています。ぼくは、たくさんの学校で授業を参観していますし、自分の大学での授業と引き比べて考えてみても、自森の授業のよさは確信できます。にもかかわらず、生徒たちは、あまり授業に出てこない。ぼくの「よさ」の基準のほうに偏差があるのかもしれませんが、若者のあいだに何か根底的な文化の地くずれが起こっているように思えてなりません。それが新しい価値への隆起ならばよいのですが、低きに向かっての崩落としか、ぼくには思えません。

もう一つ残念なのは、生徒の学習にしばしば持続性が欠けていることです。予習とか復習とかいう概念はあまり使いたくありませんが、授業のなかで提起され論議された問題を、もう一度自分のなかに引き取ってきて、持続的に追求する、という側面がちょっと弱いように思うのです。

個々の授業のなかでの発見や感動はもちろん大事ですが、授業というものはひと続きのものですから、それに出席することで、ある時間の流れのようなものが、自分のなかに形づくられていくことが重要でしょう。そのためには、たんに毎回の授業に出るだけではなく、自分でも何かをする必要があります。たとえば、自分のノートをつくる、という単純なことでもよいのです。自分で何かをしていかないと、ひと続きの時間の流れというのは、なかなか生まれてこないもののようですから。

耳障りなことばかり書きました。ぼくはときどき飯能に行っていますので、折りがあったら、反論などを聞かせてください。

（「自由の森」生徒・飯島正之君発行の個人誌 winner！ 十七・十八合併号への寄稿）

3 流れる水が河をつくる

もしも学校に時間割がなかったら、と問いかけて、「……のない学校」をイメージしあう、という趣向の授業を、村田栄一氏がこころみている。村田さんは、ぼくと同じ大学の教職課程で、「教育原理」の授業を担当されている。その学生たちの回答(授業用の資料として編集されたものだが)を見たとき、ぼくは、ちょっと唸ってしまった。

反応が、ことのほか保守的なのだ。なにかしら面白いことができるんじゃないかと、肯定的にイメージを膨らませていく者は、あまりいない。大半の学生の思考は、時間割が廃止されたときにもたらされるであろう混乱や不安を思い描いて、現行の制度の存在理由をあらためて納得する、という方向にながれている。「時間割は枠組みのはたらきをしている。それをはずしたら、そのなかのものは、たちまち流れ出ていってしまう」というわけだ。

――もしも時間割という枠組みがなくなったら、教師も生徒も、なにを教え、なにを勉強すればよいか分からなくなり、パニックに陥るだろう。

――みんなが勝手な時間に勝手な勉強をするようになれば、試験をして「公正な評価」をすることもできなくなるし、集団生活のけじめもつかなくなる。教育と学習の崩壊につながるものだ。

多少のばらつきはあるが、そうした論調がそこでの意見の主流になっていた。

このアンケートの分析と、この回答に挑むかたちで展開されるはずの村田さんの「教育原理」の授業の詳細については、氏自身がそのうち語ってくださるだろうが、こういう学習観をもった若者たちが未来の学校を担う教師になっていくとしたら、百万語をついやして教育改革をかたっても、それは絵にかいた餅というものだろう。

自らが生み出してしまったものが、最大の障壁となって、「社会変化に対応する」教育システムの革新をはばんでいる、という構図が、ここにも見られるようだ。自業自得というほかはないのだが、これでは、いかなる意味での変革の可能性もあったものではない。

未来の教師と向き合うことを仕事にしているぼくらの、ぼく自身の、「いま」と「ここ」があらためて問われていると思う。

もちろん問題の核心は、時間割の是非ではない。決められた時間の枠組みがとりはずされると、溶けて消えてしまうような学習のイメージが、問題なのである。学びは、大部分の若者たちにとっては、そういうものとしてしかイメージされていない。他律的な学習のイメージが固着して、もはや、それ以外の学習を考えることもできなくなってしまっているのだ。

かれらの「学習」は、教科書と時間割と試験によって、ささえられている。その枠組みが消えてなくなったら、学習も崩壊する。学習はもっぱら制度にたいする適応行動にすぎず、その制度の内部はがらんどうだ。教科書とテストと時間割、その三位一体の一つがもしもつい去ったら、それとともに溶けて消えてしまうような、つけやき刃の「学習」。そんな「学習」が、自由を恐怖する、指示待ち人間をつくりだしてきた。

管理教育や偏差値教育にたいする批判の言説は巷にあふれている。学校教育にたいして概していい思い出をもっているわけではない若者たちも、ルサンチマンをこめて、あれこれと学校を批判し、それへの違和感を表明する。が、だからといって、かれらが学校的な思考から自由になっているわけではない。学校という制度がつくりだす思考は、学習観、あるいは学習像というかたちをとって、個人の思考のなかに刷りこまれている。一国の教育を変えていくのは、そうした学習イメージから自らを解き放っていく諸個人や諸集団のミクロな実践の総体であって、大文字で語られる「教育改革」ではないだろう。

教育の長期の変動を片目で遠望しながら、自分たちのミクロな実践を考えていくとき、二つの、主観的といえばきわめて主観的な推断が、いつもぼくの頭にうかんでくる。揚言するようなものではないのかもしれないが、あえて記すとこんなことになる。

(1) 「私」の、すなわち諸個人の実践を変える機会は、「いま」と「ここ」においてしかない。いま、変えなければ、これから先も変わらない。明日というチャンスは存在しない。

(2) 一つの社会の教育は、一瞬には変わらない。変化は植生の遷移にも似て、長期の時間のなかで、世代の交代をへて進展していく。

二つの命題をやや強引に一つの命題にまとめると、「気長に急ぐ」というパウロ・フレイレの言葉になるのだが、ぼくとしては、教育実践は急いで、教育改革は気長に、といいたいところだ。どうも現実は逆になっているようだが。

いま、ぼくらが迫られている学習観の転換が、カリキュラム概念の転換と一体のものであることは、すでに佐藤学氏が指摘されているところである(シリーズ・学びと文化①『学びへの誘い』所収論文)。佐藤氏の指摘をくりかえすことになるが、ぼくもあらためてそのことに注目したいと思う。

どうしてカリキュラムの概念にこだわるのかというと、学びをとりもどす、という経験そのものが、もっとも重要なわれわれの学びの「内容」なのではないか、と思うからだ。学ぶべき内容が「カリキュラム」としてあって、それを習得するプロセスとして学習がある、というのではなく、学ぶ、という行為の内側から、学びの中身も考えていくことが必要ではないだろうか。

やや極端にいえば、学んだ結果としてどれだけの知識が習得されたかということよりも、自分の世界が広がっていく、その経験の豊かさのほうを重要視したい。学びの転換とは、そういうものとしての「学び」のカリキュラムを、それぞれの学び手が自らのものとしてつくりだしていくことにほかならない。

「カリキュラム」というと、われわれは、教育実践に先行してあらかじめ設定される科目表や教授細目をおもい浮かべるのが通常だ。教師が教えるべき、あるいは生徒が学ぶべき内容が、まず教える主体のあたまのなかにあって(教えるべき内容が制度的に枠づけられているために教師自身が教育内容を構想することすら稀なのだが)、ついで、それをどう教えるか、どう学ぶかが、「教育方法」の問題として問われるのだ。

与えられた目標としての教育内容と、それをより効率的に教授・学習する手立てとしての「教育方法」というこの種の二元論にとらわれていたために、われわれのカリキュラム概念はひじょうに貧しいものになっていたのではないだろうか。

佐藤論文によれば、カリキュラムという教育用語は、たしかに、教科、教材、プログラム、計画などを意味することもないわけではないが、すくなくとも英米では、主として〈学びの経験の総体〉を意味する言葉として使用されている、という。教師がなにを教えたかということよりも、それを学んだ子どものなかにどんな事件がおこったかが問題にされているのである。

curriculum はもともとは「履歴」を意味する言葉で、フランス語でいえば course (コース)、courir (走る)、couler(流れる)と同根である。

sous le pont Mirabeau　　ミラボー橋の下を
coule la　Seine　　セーヌが流れ

その橋の下を流れていく人生の時間こそがカリキュラムなのだ。それは、それぞれの生徒が自らの内部につくりだす時間、教えよりも、学びのプロセスに中心をおいたカリキュラムの概念だ。流れには、行く手をふさぐ岩があり、跳躍があり、渦と加速があり、蛇行と湾曲、そして淀みがあり、氾濫とあらたな流路の探索があって、それらの数々の出来事の総体によって、一人ひとりの子どもの学びの歴史がかたちづくられていく。

あらかじめ建設された流路に、子どもの時間を封じこめ、それをcanalizeする近代学校の運河型の「カリキュラム」は、かれらの学びから、その生命をうばった。いま私たちに求められていることは、生きた歩行のなかから道をつくることだろう。

子どもの学びを中心において伸びやかな実践をすすめてきた(すすめようとしてきた)数少ない教師たちにたいして、日本の教員社会はきわめて敵対的で、攻撃的であった。安き斉一を乱す者に禍あれ! 「新しい学力観」がさけばれても、教員社会のその体質はなんら変わっていない。つい昨日までは指導要領の拘束性をふりかざし、学力の向上を叫びたて、異端派の教師を袋叩きにしてきた連中が、いまは「新学力観にもとづく学習指導」を呼号しているのだ。「自ら学び、考え、主体的に判断する資質や能力」のかけらも感じられない教師たちによって、これからは「新学力観にもとづく学習指導」が、「共通理解」にもとづいて盛大に「推進」されていくことになるのだろう。

新学力観がなにをうたおうが、その実態は、この現実の教師のありようによって大きく規定されざるをえない。

つとに竹内常一氏が指摘しているように、「主体的な学習の仕方の育成」をうたいあげている新しい学力観では、しかし、学習における子どもの自己決定と参加の権利、つまりは学習における子どもの自治が、原理的に否認されている。子どもは「自ら学ぶ目標を定め、何をどのように学ぶか」を、「主体的」に決定することができないのだ。「〈主体的な学習の仕方の育成〉とは、それを育成する側に立つものが特定の学習の仕方を一般的な学習の仕方として子どもに習得させていくことを意味する」(竹内『学校の条件』青木書店)ものとならざるをえない。「体験学習」とか子どもの活動とかといっても、それがつまりは教師の「やらせ」にすぎぬことを、もっとも敏感に見抜いているのは子どもたちだ。

新学力観がもつこの性格は、教員自身の、金子奨氏のいう「下一段活用使役他動詞症候群」によって、さらに際立ったものになるだろう。金子氏はいう。

「教員は生徒に〈～させる〉のが大好きだ。ぼくはそれを〈下一段活用使役他動詞症候群〉と呼ぶことにしているけど、教員の凄いところは〈～させる〉にとどまらずさらに形容詞をつけたがるところだ。たとえば、〈きちんと〉とか〈がんばって〉〈積極的に〉というのがそれだ。〈最大限〉なんていう気味悪い形容詞も頻出する」(「授業のあらたな原理をもとめて」『教育』一九九六年七月号)

下一段活用使役他動詞症候群は、「～させる」内容の貧しさと表裏一体である。教育内容の国家基準としての拘束性を口実にして、教師自身が子どもに伝えるべき自前の文化内容を培ってこなかったツケが、内容なき活動主義という、かつての経験主義教育と同質の戯画をうみだしているのである。中身がないのに、いたずらに「子どもを動かす」ことばかり考えるから、関心の対象は、つねに学習指導の「方法」に、つまりは子どもを操作する手練手管に、収斂することになる。そこから必然的に「～させる」症候群がうまれてくるのだ。

内容にたいする問いの欠如は、つねに方法主義の温床だ。新しい学力観が、一種の「学習指導」の方法として、特定の「学習の仕方」として、受けとめられていくのは、カリキュラムを事実上〝国定化〟してきた、これまでの日本の教育課程行政の必然的な帰結だろう。だが、たとえ「方法」としてであれ、「新学力観にもとづく学習指導」を実施すると、学習内容のほうもそのままではすまされなくなっていく。日本の学校は、教育内容の量的な削減、そして質的な空洞化という形でしか、それに対処できないのだ。

この方法主義にたいして、ぼくらがかつてそうしたように、単純に内容の第一義性を強調するとすれば、それは時代錯誤というものだろう。そうしたエッセンシャリズムは、教育をふたたび、いずれかの権威にもとづいて設定された知の体系の効率的な伝達という回路に引き戻すものでしかないからだ。

内容がどうでもよいということではない。ただ内容をカッコに入れたときに、それがたちまち「方法主義」に転落してしまうところに、日本の教育思想の貧しさがある、と思う。重要なことは、知識のレパートリーを目録化することではなく、ましてそれを子どもに効果的に伝達することでもなく、子どもが知識と出会いながら世界を広げていくプロセス、子どもの生における知識の現前、その「現れ」に注意深く目をこらすことだろう。

「教える」という発想のなかからは、まして「教える」技術の追求のなかからは、そうした「現れ」への眼差しはうまれてこない。

教える以前にわれわれ自身がまず自前の文化をつくりだすこと、知と出会うこと、その営みのなかで協働者としての子どもと出会うこと以外に、内容の創造などというものはありえないだろう。「教えのカリキュラム」の呪縛をといて、自前の「学びのカリキュラム」をつくりだしていくこと、すべてはそこからはじまるのではないか。

　新卒者の就職難がつづいている。

　どこの学校にも、いわゆる青年教師の姿が見られない。普通なら中堅といわれそうな三十代の教師が、年齢構成の底辺を形づくっている。

　教員採用数の減少は、ここ十年、長期的につづいているのだが、とくに九一年以降の減少は顕著である（別表参照）。「今後も児童生徒数は減少し、また、定年退職者数も大幅に増加しないものと見込まれることから採用者数の減少傾向は当分の間継続するものと考えられる」と、「教員採用等に関する調査研究協力者会議」の審議のまとめ（一九九六年四月）はのべている。

公立学校教員採用者の推移

年度	採用者数
85	38,239
86	34,982
87	31,926
88	28,413
89	33,615
90	33,364
91	33,131
92	26,265
93	22,821
94	19,834
95	18,407

（小・中・高、特殊教育諸学校の教諭及び養護教諭の総計）

「教員採用等の改善について」

『教育委員会月報』96年4月号

　教員需要のやや目立った増加が期待されるのは、小学校では二〇〇三年以降、中学校では二〇〇八年以降である。

全国の教員養成大学で組織する全国教育大学協会は二〇一二年における小、中学校教員の新規需要を四六〇〇〇人と推計している。学級定員を「欧米並みに引き下げる」という現在中教審で提案されている方針が実現するかどうかで、またいわゆる学校スリム化の動向のいかんで、教員需要は大きく変わっていくが、いずれにしても二〇〇〇年代の後半には、教師の大規模な世代交代がすすんでいくことになるだろう。

いまの中学生くらいの世代を先頭に、つぎの世代の教師群がうまれてくるわけである。この世代交代に先立つかたちで、日本の学校システムの「改革」が進展するが、その行くえを決めていくのは、なんといっても学校現場における新しい教育の担い手たちだろう。

教育は、よくもわるくも、世代と世代をつなぐ営みである。

未来は不透明だ。しかし明日の希望をひらくもの、それは世代をつなぐという仕方で学びの文化を再構築するわれわれの日々の実践だろう。

（『ひと』一九九六年九月号）

4 学校リストラの時代とどう向きあうか

全国の各地に散らばった教育実習生から、かれらの実習体験を聞くのが、ぼくの大学でのルーティンワークの一つなのですが、いつもあらためて思うことは、日本の学校の現実は意外に多様であるということです。学校の雰囲気も多様ですし、教師の資質もいろいろで、それに応じて、実習生たちの実習経験も大きく異なっているのです。

これは現職教師の実感でもあるでしょう。職場が変わると、これが同じ学校かと思うくらい、雰囲気が違っていることが多いようです。

公立学校は、とくに義務教育機関である小・中学校は、どの学校も均質たるべきものと考えられているようですが、それはタテマエにすぎません。よかれあしかれ学校ごとの差異は大きく、またその差異のなかに、それぞれ学校の文化が息づいているのだと思います。

この差異のよってきたるところは明瞭です。教育という営みは、行政事務として定型化されうるものではなく、具体的な個人もしくは諸個人の「実践」としてしか成立しえないものだからです。

日本の公教育は、教師の「実践」にたいしては(とくに「標準」からはずれた実践にたいしては)、つねに敵対的でした。教育の仕事は実践ではなく、事務だったのです。いわゆる「教育改革」は、その教師の「事務」の内容を入れ変えようとしているにすぎません。あたかも同調を競うかのように、どこの学校でも一斉におこなわれている「総合学習」への取り組みを見ていると、そんな気がしてなりません。教育というものが、上からの制度の改革で一挙に変わると考えるのは幻想でしょう。

実践というものは、ほんらい個性的なものですから、つねに差異をつくりだしていきます。日本の学校をどう変えていくのかという問題は、この個性と差異をどうもり立てていくのかという問題であり、一つの標準に向かってみんなを一律に追い立てていくということではないでしょう。それぞれの学校や教師がつくりだす偏差によってしか、一国の学校の現実は動いていかないということだと思います。

差異というと、われわれは一本の尺度のうえの較「差」を念頭におくことが多いようです。尺度のほうは固定していて、ぜんぜん多様ではないのです。

先日、友人が出しているミニコミ紙を読んでいたら、ある投書が目にとまりました。

某県の高校の実状が報告されていました。この県には、古くからある普通高校、新しくできた普通高校、商業高校、工業高校、農業高校という学校序列がしっかりとできあがっていて、新しい普通高校は古い普通高校に追いつくべく、朝始業まえのいわゆるゼロ時間補習とか、はなはだしい場合には、ある点数以下の生徒はセンター入試を受けさせないという操作までして、平均点の底上げをはかっているというのです。ゼロ時間補習の話は、ぼくも実習生からよく聞かされています。こういう高校では補習授業だけではなく、日常の授業そのものがドリル化しているところが多いようです。一本のレールの上での「差」を競いながら、かぎりなく同質化していく学校の姿が、こういうところによく現れています。

どこの国でも、近代学校は階級的ヒエラルキーを再生産するための社会的選別の装置として機能してきたのですが、六〇年代以降の日本では学校制度の機能はもっぱらそこに特化されてきたといってよいでしょう。機会均等の原則にもとづいて、子どもたちには不平等になる機会が平等にあたえられ、「能力」主義的な競争をとおして社会的な格差を再生産していく、その装置として学校は大きな力を発揮してきたのです。

注意しておかなければならないことは、教師もまたこうした学校制度の産物であり、この制度に付着した価値観を深く内面化しているということです。一本の尺度で「差」を競ってきた教師にとっては、農業高校や工業高校の生徒たちは「クズ」でしかないのです。

そういう教師たちが、徹底的に生徒たちを蔑視し、いかに平然とかれらを「自主退学」に追い込んでいくかを、職業高校の教師である先の投書者は怒りをこめて弾劾しています。

教師と生徒の社会的なコミュニケーションが断ち切られ、両者が反目しあっているとすれば、もはやその学校の存在意義はないというべきでしょう。M・アグリエッタとA・ブレンデールがいうように、「学習の過程を個人が一般的な知識を獲得することに還元することはできない」のです。生徒たちは、学校の学習において、他の生徒と、教師と、そして親たちとも、デリケートな社会的コミュニケーションを形成します。このネットワークをよく制御することが、生徒の能力形成にとって決定的に重要だと、アグリエッタたちは指摘します。そのとおりだと思います。先生と生徒が反目しあっているところで、どうして生徒が「学習」などする気になるでしょうか。

選別主義的な教育は、子どもたちの学習を「テストのための学習」に変えると同時に、それゆえに、その「学習」から多くの子どもたちを排除しました。学校は、かれらにとって学校的と思える「学び」のいっさいを徹底的に忌避する生徒たちをつくりだしたのです。「学ぶ」ということは「真似する」こと、模倣することといってもよいのですが、学校的価値や教師というモデルに敵対するにいたった生徒たちは、それと敵対するもののなかに自分のモデルを求めるようになります。一種のアノミーが出来《しゅったい》しているわけです。

アグリエッタたちが深くかかわっているフランスの左派政権の教育改革やアメリカの学校改革の動きなどを見ていると、このアノミーの進行にたいする強い危機意識が感じられます。アメリカにおける近年の「公教育再構築」の試みは、そうした危機感に根ざすものといってよいでしょう。再構築するためには、「公教育といわれているもの」の解体が必要なのです。

Japan Timesの十一月二十四日号に、デイヴィッド・オズボーンという人の「学校と市場原理」という論説が掲載されています。それはこんな書き出しではじまっています。

「ちょっと想像してみようではないか。どの学校もチャーター・スクールとなった場合の公教育制度というものを。

過激？　そう、そのとおり。でもこれが、私もその一員である全米学校行政審議会がこのほど答申した二つのアプローチの一つなのだ。

もう地方自治体が、校長・学校事務員・教員・用務員を雇用することはない。もう教育委員会が、各学校の財政・人事・カリキュラムをコントロールすることもない。そのかわりに、この「素晴らしき新世界」においては、非営利団体・諸大学・教員グループ、さらには営利会社さえもが、(一定の教育目標の達成を契約するなどして)チャーター[学校設立認可]を落札し、公立学校を経営するのである。

チャーター・スクールは、州の法律と自治体のポリシーの範囲内においてではあるが、自らの方針にもとづいて、教職員の任免と昇進・給与・学校財政・カリキュラム、一日の学校生活の時程や学年暦などについての決定をおこなう。親は自分の子どもにとってもっともよいと思われる学校を選択することになるだろう。もしどれもダメだというなら、かれらは他の親や地域団体と組んで、あたらしい学校をつくることもできるのである。

アカウンタビリティは、失われるというよりは、増大するだろう。自治体は四年もしくは五年ごとに各チャーター・スクールの徹底的な評価をして、それにもとづいて、免許を更新するか、よりよく運営できそうな他の申請者に認可を移譲するかを決定するからである」


しかしながら地域が異なれば学校改革へのアプローチも違ってくるだろうと述べて、オズボーンは、学校行政審議会が答申するもう一つのアプローチを紹介しています。それは各々の公立学校に教育方針、教員人事から財務にいたる広範な裁量権をあたえ、それとともに親の学校選択も自由化する、というものです。

どれだけ多くの生徒を集めたかによって、その学校のファンドも決まってきます。市場原理にもとづいて公立学校間の学校競争を刺激すること、その前提として親の教育選択を自由化する、という戦略で、基本的な方向はチャーター・スクールと同じです。チャーター・スクールの基本原理を公立学校にも適用して、選択と競争にもとづく学校改革を推進しようということでしょう。

チャーター・スクールがミネソタに誕生したのは一九九二年ですが、一九九八年の全米チャーター・スクール年次報告によると、現在アメリカで活動中のチャーター・スクールは、約一〇五〇校にのぼっています。増加はかなり急ピッチで、昨年中にあらたに約三六〇校が開設されています。

学校選択を自由化すると、エリート校ができたり学校格差が広がったりするのではないかという危惧が当然うまれてくるのですが、しかしもともとチャーター・スクールの運動の根底には、公立学校の形式的な教育によってとり残されていく子どもたちに「もっと違った」教育サービスを提供したいという願望があり、そういう志をもった教師や市民によって学校が開設されていくケースが多いようです。

一九九八年のチャーター・スクール年次報告は同年に新設された三六四校について設立の理由をアンケート調査しているのですが、それによると、「オールタナティブな学校教育のヴィジョンを実現するため」を第一理由にかかげている学校が五五・二%、「オートノミー・フレクシビリティを求めて」が一五・四%、「特定の子どもたちをターゲットにした教育をおこなうため」が一六・八%、などとなっています。オールタナティブの内容は各学校によって違ってくるのでしょうが、それはクラス定員の縮小であったり、一斉授業に代わる個別学習の導入であったり、より活動的な教育形態であったり、多文化教育であったりするわけです。

トラブルをかかえた子どもたちと主要にかかわろうとしているチャーター・スクールの場合、それは、かれらを機械的に切り捨てていく今日の学校に対立するオールタナティブの追求と不可分です。

チャーター・スクールの創設にあたって大きな役割をはたしているのは何といっても公立学校の教師たちで、実際、創造的な意欲を片端からくじいていく学校と教師集団の硬直した現状にフラストレーションを鬱積させている教師は少なくないのです。そうした教師たちの怒りと希求が、チャーター・スクールの運動を盛り上げていく一つの原動力になっているといえるでしょう。

これと上記のオズボーンのような市場志向型の教育改革の思想とが、チャーター・スクール構想のなかには奇妙に同居しています。

日本でも、学校選択の自由ということがよく言われるようになりました。九七年に文部省は学校区域制度の弾力的運用を促す通知を各都道府県教育委員会に出しており、それに応じて自治体レベルでも学校選択の幅を拡大する動きが出はじめています。

東京の品川区では、二〇〇〇年度から小学校の学区を四ブロックに分けて、ブロック内での学校選択を(一年生の入学時に限ってですが)自由化する方針を打ち出しました。

区教育委員会の「通学区域のブロック化」という文書を見ると、学校現場における「個性的な学校づくり」をサポートしつつ、「子どもに適した教育を受けさせたいという保護者の希望に沿った学校選択」ができるように、通学区域をブロック化したとあります。

文面で見るかぎりでは、上記のアメリカでの学校改革の動きとほぼ同様なのですが、それでは「個性的な学校づくり」は品川ではどのようにしておこなわれ、保護者はそれをどう判断して「子どもに適した」学校を選択しているのでしょうか? いろいろ調べ、問い合わせもしたのですが、何一つ、納得できる情報は得られませんでした。

品川区では「プラン21」なるものが教育委員会から各学校におろされていて、各学校は、個別学習・教科担任制・小中学校一貫教育・国際理解教育・公開講座のいずれかについての推進指定校になるように要請されています。これが「個性的な学校づくり」の内容のようなのですが、それがまだ実施されているわけでもないのに、なぜか、学校選択のほうだけが単独で実施されているわけです。「子どもに適した教育」とは無関係な「学校選択の自由化」であることは明白ですが、これで判断を下せということでしょうか、十一月から十二月にかけての一定期間に親のための公開参観日を設けるようにとの通達が突然、各学校に舞い降りてきて、すでに他の時期に公開日を組んでしまっていた学校などはかなり困惑したようです。

個性的な学校づくりとはいっても、それは現場のイニシアティブでつくられていく「個性」ではなく、教育委員会のメニューにもとづく上意下達の「個性」づくりであって(こういうやり方を「サポート」というのでしょうか)、今日いわれている「規制緩和」とはまったく逆行するものであるといわなければなりません。

十一月の末の品川区教委のまとめによると、区全体で二五〇名が通学区域以外の学校への入学を希望しています。内訳を見ますと、ある学校では当初予定数五九のほかに従来の通学区域外からの入学希望が四八名ほど加わって、生徒数が八割以上も増えてしまうのですが、その一方で、従来この学校に来るはずだった者が他の学校に逃げたために一年生が一〇名程度になってしまうミニ小学校も出てきます。

品川区における学校選択の自由化は、学校選択の弾力化を名目にしてじつはなし崩しに学校の統廃合を行なおうとするものではないかと、ぼくには疑われてなりません。そのつもりはいまはないと教委は弁明しているようですが、今回の措置にそれ以外のモティーフがあるとは思えません。

ともあれ学校選択の自由化を理念としてかかげて通学区域をブロック化した以上、その結果として小規模校が消え、住民の学校選択の選択肢がかえって狭まるとすれば、それは一種の詐欺行為ということになるでしょう。

今回の措置によってますます小規模化する小学校を見ると、一つは低所得地域を学区とする学校で、いま一つは工場地域の学校です。それらに隣接する中心街もしくは山の手の学校が生徒数を増やしているのです。

不用意に学校選択を自由化すれば、こういう結果が生まれてくるということでしょうが、だからといって学校選択そのものを否定することには、ぼくは賛成できません。小規模化していく学校には、小さいからこそ開発可能な実践のスタイルがあるはずです。学校のありかたを多様化することと、保護者の学校選択を自由化することとは、相互に媒介するパラメーターでなければならないと思います。

品川区につづいて日野市や杉並区でも学校選択が実施されようとしていますが、それがたんなる学校統廃合の(つまりは教育費を削減するための)方便となるか、ほんとうの意味での学校選択の保障につながるか、注意深く見守っていかなければならない問題だと思います。

チャーター・スクールについては、自民党の一部がかなり関心を寄せているようですが、官主導の日本で、このシステムが容易に受け入れられるとは思えません。そこでオズボーンのいう第二のアプローチが浮上してくるのですが、これに関しては日本でも、それに追随する動きが起こっているといってよいでしょう。「学区制度の弾力的運用」は、その表れと見てよいのでしょう。

ただ一つ、アメリカと決定的に違うのは、学校現場のイニシアティブの欠落です。教育委員会のロボットのような校長の下で、これまたロボットのような教師たちが「個性的な学校づくり」に励むとすれば、どういう学校ができていくかは容易に想像できます。

学校というところは、フォードシステムの工場とは異なって、自律的な教師たちの協業のうえになりたつ仕事の場ですから、その教師の自律性を奪ったら、学校の文化などというものは育つはずがありません。各学校の自主裁量権を拡大するという意味では、学校長の権限の強化は必要なことですが、地方教育委員会などは、それに名をかりて校長の教員評価権を強化し、もっぱら「文句をいわない教員」の養成に努めているように思えてなりません。

権力者への忠誠と参加とは似て非なるものです。先の学校選択についてもそうですが、日本の教育行政機関は、学校改革という名目の下にじつはひじょうに姑息で守旧的な意図を追求しているのです。

くりかえして言いますが、「個性的な学校づくり」のためには、校長の権限の拡大が必要です。オズボーンがいっているように、カリキュラムや教員人事にも及ぶ校長の自己決定権が必要です。人事を教育委員会に委ねているいまの体制では、志をもった校長の下に、志をもった教員が集結するということは不可能でしょう。日本の学校は、できるだけ差異を消去するという方向で運営されていますが、それを変えるとなれば、学校長の権限の拡大は不可欠でしょう。

だからこそ、子どもと親の学校選択の自由がひじょうに重要になってきます。

品川区の場合、学校選択は新たに入学する一年生についてだけ認められることになっていますが、これではまったく不十分でしょう。子どもには中途での転校の権利もあるはずです。一つの学校にうまく馴染めなかった子どもが、学校が変わって、すっかり元気になったという事例は少なくないはずです。現在の学校に満足できない子どもにたいしては、中途での学校の「選びなおし」が権利として保障されてよいのではないでしょうか。

現在の学校制度の危機は、二十世紀の資本主義をささえてきたフォード主義的な労働編成の危機と構造的に結びついています。テーラー・システムとその発展形態であるフォード・システムの最大の特徴は、労働過程における「構想と実行の分離」(H・ブレイヴァマン)でした。働く者の「構想する」権利を、知的な参加を、徹底的に拒むことによって、現代資本主義は巨大な生産力を実現してきたのでした。そのツケがいろいろなかたちで露呈してきた、その一つの現れが、いまの学校の姿でしょう。

ぼくは先ほど、アノミーという言葉をつかいました。社会の共通価値が喪失し、個人のレベルでも無力感や人格崩壊が昂じて、社会が全体として無秩序状態に転落していくことを、社会学者たちはアノミーと呼んでいます。フォード主義的な労働編成の下で昂進した労働の無意味化は、今日では全社会的な広がりにおいてアノミーを激発し、資本主義の蓄積体制そのものを脅かしているのです。

この危機をのりこえていくためにまず必要とされるのは、労働の意味の回復と自由時間の拡大です。学校の再構築においても、それは同様でしょう。子どもよりも、まずは大人、教師という大人が問題なのです。一人の大人である教師自身が労働主体としての(そして市民としての)自律性を回復すること、仕事における自己決定の権利と責任を拡大することが何よりも重要なのです。そのことを忌避したうえで、要するにフォード主義的な教員管理の強化によって、子どものアノミーと学校教育の崩壊に対処しようとするのは、もっとも愚劣な矛盾の上塗りにすぎません。

(『生活指導』二〇〇〇年三月号)

学ぶこと・働くことの実践記録
――読書ノート 池野高理著『さて、メシをどう食うか』

この本を読んだのは、今回が二度目だ。たまたまぼくも職場が大学で、同じように「仕事・労働」の問題を取り上げて、一般教養の授業をした経験があるので、前回も今回も、かなり身をいれて、というか、一種の親近感をもって繰り返し読んだ。

ぼくがかつて担当したのは「教育」という題目の授業で、「学ぶ」について考えていたら、おのずと話が「働くこと」に行き着いてしまって、「教育」論というよりも「労働」論のような講義を何年かつづけることになってしまったのだ。

その講義のなかで、ぼくがずっと考え、また訴えてきたことの一つは、学生たちの「学び」のありようは、かれらの「疎外された」労働を先取りするものになってしまっているのではないか、ということだった。学生にとっては「学習」は、こなさねばならぬ課業であって、そのこと自体には意味はない。その代価として得られる評価や単位だけで、「学ぶ」行為は動機づけられているのだ。ぼくの教室においてもそうした兆候は顕著に現れていて、だからそこに現出する風景を、今日の労働のありようと突き合わせて考えよう、というのが、この「授業」のテーマであった。「学び」の再生を追求する、ということは、労働を奪回・実現するたたかいと不可分につながっている。就職の問題に直面している三、四年生の受講者が多かったこともあって、自分たちの「いま」を異化する一つのきっかけにはなったようだ。（このときの授業の記録は、その後、太郎次郎社から『働くことと学ぶこと』という表題で公刊した。)

かれら・彼女たちが、その後、就職したそれぞれの職場のなかでどのようなことを経験し、何を感じているのかを、怠慢なことに、ぼくは知らない。同業者の一人として心から脱帽せざるをえないのだが、池野氏は、じつに丁寧にゼミ卒業生たちのその後の動向を追い、その一人ひとりとの膨大な書簡のやりとりを基礎にして、本書を書かれているのである。それらの手紙を読んで、ぼくは、あらためて嘆息した。ここに登場する卒業生たちの状況が、概してあまりにも過酷で、不条理だからだ。あの教室のかつての学生たちも、同じような状況に立たされているのだろうか。

近年、職場というものが、ますますもって、殺伐としたものになってきた。池野氏の本を読んでもそう思うし、ぼくの多くはない卒業生たちとの接触からも、そのことは痛切に感じられる。人を育てる力や気風が、職場から失われているようなのだ。従業員は、企業にとっては、酷使して使い捨てる資源にすぎない。その酷使の仕方が、なんとも露骨でミミッチイ。労働者相互の連帯も乏しい。リストラの恐怖のためか、年長者は若い者に仕事のノウハウをおしえたがらない、と、最近もらった手紙のなかで、ぼくの卒業生は嘆いていた。

池野氏の本は、——とくに卒業生たちの手紙を中心にして構成された本書の第三章から八章までは、新卒労働者の目で捉えた現代の労働状況のレポートとしても貴重なものだ。と同時に著者は、「教育実践の報告」としてこの本を書いた、とも記されている。そういう労働現場で生きていこうとする人びとにとって、学問とは、大学教育とは、何を意味するか、意味しうるかを自問した書物が、本書なのだ。

ぼくも長年、大学というところに勤務していて、自分の仕事についてアンビヴァレントな感想をもつことが多い。ひじょうに否定的な気持ちになったり、それでも、大学の四年間の時間は学生にとってはかなり重要な人生の切れ目たりうるのではないかと思い返したり、その振幅のなかで、ずるずると教員稼業をつづけてきてしまったような気がする。もしも大学教育に多少の意味があるとするならば、それは、距離をおいて現実を批判的に捉えかえすという、学問そのものの意義と直結しているはずだ。そうした批判性こそが、これから労働の場に入っていく若い人びとにとって、決定的に重要な要件なのだと思う。その機能が大学から失われるならば、もう大学の存在意義はない。

過酷な職場の現実にさらされた卒業生にとって大学は、というよりも池野氏という存在は、自らの状況を批判的に捉え直す大きなささえになっているようだ。そのことが本書の紙背から伝わってくる。だれでもそうだと思うのだが、ある状況のなかに投げ込まれた人間は、もっと違った、もっと大きなパースペクティブの下で、その状況を相対化していくことができなくなってしまう。そうした視野狭窄を克服するために「窓を開く」どころか、かえって「窓を閉ざす」ような「教育」ばかりが積年おこなわれてきたから、若い世代ほど、唯々諾々と所与の現実に呑み込まれていくことになりやすい。率直に言って、ここ数年の大学生たちの視野狭窄と批判性の衰弱ぶりは、ほとんど目を覆うばかりのものがある。かれら・彼女たちの多くは、そうした精神を引きずったまま、リストラの嵐のなかの労働現場に入り、自分の首を絞める構造の被害者となり加害者となっていくのだろうか。「生き残り」のために「生きる」ことの放棄を迫るシステムのなかで、「生きる」ことを手放すことなく求めつづけるためには、所与の状況から自分を剥ぎ取る精神の営みが必要だ。大学がそのための場として機能しうる一片の可能性を、池野氏の教育実践は示しているのではないか。

右に述べたように、この本は教育実践の記録として書かれている。この「教育実践」という言葉を、大学の教師はあまり使いたがらない。「教育実践」というのは、小・中学校や高等学校の教師の仕事で、自分たちの仕事は「教育実践」などではない、と、思っているらしい。大学教員の本業は「研究」であって、教育実践ではない、ということだろう。池野氏のスタンスは、その点で例外的なものだ。実状にそくしていえば、今日の日本の大学は、中学や高校とそれほど大きな相違はなく、大学教師の仕事もまた、「教育実践」としての取り組みを要求されている、といってよいだろう。教師の側が、独善的にアカデミズムの特権を振りかざして、「研究」のなかに立てこもっているだけの話だ。自分がだれに向かって授業をおこない、学問を語っているかを問おうとしない鈍感さが、そうした「研究」をささえている。学生のリアリティにつき刺さるものが乏しいから、教師の講義は、学生にとっては退屈な課業になっていく。

本書の最後の二章は一種の現代資本主義論になっていて(それ自体は講演記録のようだが)、池野氏の大学での講義内容(保険論)とも大きく重なりあっているのだろう。

個別的な労働現場の状況と、現代資本主義のマクロな動向を、相互に関連づけて捉えることが必要だ、という著者のメッセージが、この部分にも一貫して響いている。もっとも、窓を開いて外を見ても、そこに見えるのはやはり出口なしの資本主義のアリ地獄だけ、という印象は拭えない。どこで踏みとどまって、どう流れを変えていくか、ということになると、著者ならずとも、歯切れのよいことはいえそうもない。「変革は日常にあり」と著者はいう。扉の鍵は、意外に身近な足下に落ちているのかもしれない。だが、「さて、メシをどう食うか」という問いをそこに重ねて考えていくと、問いはやはり相当に重い。

末尾の指摘に共感したので、引用しておきたい。

〈「日本には資源がない」とはよく指摘されるところですが、では、いったい「資源」とは何なのか?——(中略)

日本には、資源はたくさんあります。石油産出国には石油という資源はありますが、彼らには水という資源がないことを嘆いています。日本の資本が今の世界経済システムの中で生き残るのに必要な資源がないのであって、私たちの暮らしに必要な資源がないわけではないのです。〉

（『社会評論』二〇〇〇年夏号）

III

学びの再生――離陸するために

1 世界と出会う若者たち——大学のある一般教養講座の試み

一——南北問題の総合講座をはじめる

大学の一般教養科目の一つとして「第三世界における開発と文化」という総合講座をはじめて今年で六年になる。複数の担当教員と外部からのゲスト講師が、それぞれの角度から一つのテーマにきりこんでいくオムニバス形式の講義を、普通、総合講座とよんでいる。私たちの場合は、アジア、アフリカ、ラテンアメリカの諸地域の文化に関心をもつ法・文・経の数名の教員が名乗り出てはじめたものだが、お互いの息がよく合って、二、三年のつもりではじめたものが、いまも持続している。

もともと、私たちは、これをたんなる授業というよりも、むしろ連続フォーラムに近いものにしていきたいと考えていた。とりあえず授業という形をとってはいるが、教師と学生がいっしょになって一つの問題を

(この場合は南北問題を)議論しあうサロンのようなものをつくりたいと思っていたのだ。だから教員は無理のない範囲内で、できるだけお互いの講義を聞きあい、その場で意見や疑問をぶつけ合ってきた。それぞれの教員の観点の相違が示され、ときには激論になったりすることもあって、それが聞いている学生にとっては面白かったようだ。(はやいはなし開発ということばを一つとっても、私たち教員の受けとめかたには大きな相違があった。)当初は聞く一方だった学生たちも、だんだんと議論に参加するようになった。ここ一、二年は、教員の講義や討論を学生が聞く、ということではなくて、むしろ学生のほうからタマを投げて、それを教員と学生がいっしょに議論する、というかたちの「授業」が多くなってきたように思う。授業は、形式的にも、また内容においても、かつての教師主導型のオムニバス講義から離脱しつつある。悪くいえばそのぶん井戸端会議的になってきた、ともいえるのだが。

毎回の講師の講義内容をきちんと記録していくと、一冊の本になるような仕方で、総合講座を運営していくことは、それはそれで有意義なことかもしれない。はじめの二、三年は、私たちも、ある程度リニアな「筋書き」のようなものを念頭にえがいて、一連の講義のプログラムをつくってきた。いまでも学年のはじめの何回かは、教員側でつくった予定にもとづいて講座を運営している。しかし、なまじ辻褄の合ったプロットをつくろうとすると、欲求不満というか、かえって落ち着きの悪さを感じてしまうことが多い。南北問題とか第三世界論とかいっても、そこで扱われる地域やテーマはひじょうに広範だから、プログラム自体どうしてもごった煮的にならざるをえない。学生の関心は多様だし、教員のそれも多様である。プログラムは、ともすると第三世界という大きな海の上をあちらこちらと漂うような感じになってしまうのだ。もっとしっかりと問題軸を立て、一貫したテーマと問題意識で討論を深めていくといういき方も、おそらくありうるのだろう。しかし私たちは、漂流でいいのかもしれない、とも思っている。コーディネーターがあらかじめ引いた線のうえを航行するよりも、学生は波に運ばれて大きな海を漂流し、自分の航跡をそこに線として書きこんだほうがいい。

そうした六年間のあれこれの経緯のなかで考えてきたことを思い起こしながら、学ぶということ、とりわけ、南北問題について学ぶということはどういうことかを再考してみたい。

学ぶということは、たんに知識を頭脳に刻印し集積することではなく、自分のなかにある認識の構造をつくりだすことだと思う。その構造はどのようにしてかたちづくられるものなのだろうか。構造というときに、私たちは二種類のモデルを考えているようだ。

A．講師が行なう講義の内容そのものがもっている構造性

B．学生自身がさまざまな情報や経験を素材にして自ら構築していく連関構造

機械論的な学習観にたつと、Aが、すなわち講義内容のもつ構造性が、そのままBに、すなわち学生の内部に転移されて、精度のよしあしはあるにせよ、多少とも複写的な構造を形成することになる。A→Bである。

それをもっとも極端なかたちで示しているのが、大学の「講義」ではないだろうか。だれでもそうだと思うのだが、私も講義ノートの作成には、かなりの時間とエネルギーを費やしている。講義する教員は、講義内容に自分の注意と関心を集中する。しかし、なによりも重要なことは、私が講義で何を話したかということではなくて、学生のほうが、そこで何を学んだかということであるはずだ。実際にはこの両者は意外に大きく「ずれ」ていることが多い。

こちらが話した内容がよりよく学生のなかに定着するように、教員としては、もっと工夫をこらすべきなのかもしれない。しかし、そうした工夫がめざしているのは、結局はA→Bという知識内容の転移だろう。多くの教員は自分が「教える」内容のほうに注意を集中し、教えれば、そしてとりわけ上手に教えれば、その結果として学生は学ぶのだ、ときめてかかっている。大学の教員の場合、その思い込みはとくにつよいようだ。

教員が教えるから、学生が学ぶ、というわけだ。AとBの構造は一致すべきものと決め込んでいる。しかし、ほんとうにそうなのか。

学習というプロセスは、そんなふうには進んでいかない。教えられることとの結果として成立するような学習ではなく、学生自身が自分の触手をひろげ、視野を開いていく、そうしたヴォランタリーな学びのための場として「授業」をくみかえることはできないだろうか。要するにAよりもBのプロセスに中心をおいて講座を運営することはできないだろうか、というのが、ここ数年のわれわれの問題意識であった。

大学の教育というものは、もともと、タテマエのうえではBを中心にしてかたちづくられてきたはずである。学生はすでに各自でなにごとかを追求しており、そうした学生の自律的な学習と研究を鼓舞し、支援するものとして、さまざまな講義や演習が行なわれる、というのが、大学教育のタテマエであったと思う。もちろん、それはタテマエにすぎない。自分から何かを求めている者が知識に触れれば、いかにトゥリヴィアルで無味乾燥な知識でも、学ぶ主体の精神の運動にくみこまれて創造的な思考のバネとなりうるはずだ、という仮定(こうした仮定は学生への責任転嫁を導かずにはいない)のうえにアグラをかいて、実際にはお手盛りの知識のおしつけを合理化してきたのが、大学教師の現実の姿であったといわなければならない。タテマエはB中心、そして現実はAのおしつけであった。タテマエによって、タテマエとはあべこべな現実が正当化されている、ともいえよう。

かといって、このタテマエが無意味であるということではない。それをどう正しく現実化するかが問題なのだと思う。

一方的な講義形式の授業が問題なのでもない。教員の行なう講義が、ある思考内容を構築していく過程を演示する一種のパフォーマンスとなるならば、たとえ一方的な講義に見えても、それは聞く者の内部に自ら思考しようとする意欲を呼び起こす刺激となりうるだろう。

要するに、学生が自分の learning curriculum——教師の teaching curriculum と交差しつつもそれと「ずれ」たかたちで成立していく、かれ自身の learning curriculum——を構成していくプロセスがあまりに貧弱なのである。自らの学びのカリキュラムをつくりだしていくそのことが、つまりはもっとも本質的な学びであるといえよう。そのプロセスを豊かなものにしていくためには、講義を聞くだけではどうも手不足のように思えるのである。

二——学生へのオリエンテーション——講座通信から

年度はじめ(一九九四年)に配布した文書の一部を、そのまま引用させていただきたい。講座の性格とスケジュールの概略を学生に伝えたものであるが、この年はスタッフが多忙で、ここに予告したすべてのプロジェクトが完全に実施できたわけではない。

総合講座「第三世界における〈開発〉と文化」は、一九八九年から三年間、渋谷キャンパスで開講され、教養課程の移転にともなって、昨年からは多摩プラーザ・キャンパスで行なわれています。

テーマについての解説は三回目の授業でやる予定ですが、とりあえず、南北問題に力点をおいたworld studiesと考えていただけばよいでしょう。いま、私たちはどういう世界に生きているのか、それを君たちといっしょに考えていきたいと思っています。

一応、一般教養の「授業」という形式をとっていますが、「授業」というよりも、学生と教師が共同で議論したり作業したりするアトリエ、もしくはサロンのようなものにしたいというのが、われわれの念願です。ですから、それぞれの回のメイン・スピーカーは一応きめますが、教員も、できるだけお互いの講義を聞きあい、シンポジウムに近い形で授業を運営します。ひとりの教員と学生、という関係ではなく、教員グループと学生グループが相互に多角的にかかわりあう場をつくりだしていきたいのです。、

学生諸君にお願いしたいこと。

「聴講」する、という態度ではなく、「参加」する、という態度で、この授業に臨んでください。

講義内容をきちんとノートして、それを理解し、記憶するという勉強のスタイルを、勉強の唯一のありかたと考える必要はないでしょう。ノートをとる手を休めて、君たちも議論に参加してください。

とはいうものの、ノートなんか、どうでもいいということではありません。

反対です。

この一年をかけて、一冊の自分のノートをつくることを、自分のノルマとして課していただきたいのです。教師が話したことを几帳面にかきとめたノートである必要はありません。読書ノート、疑問やわかったこと、アタマに引っ掛かった教師や友人の言葉、あるいは町で出会った出来事など、要するにこの講座とかかわって教室の内外で学んだこと、経験したこと、考えたことを簡単にメモしておいていただきたいのです。形式は自由です。落書き帳のようなものでも結構ですし、イラストや写真入りのアルバムでもいいし……。

教室の内外ということが重要です。

この講座は、多摩プラーザの教室のなかだけで完結するわけではありません。教室は「窓」にすぎません。前回と同様、外で開かれる講演会や行事を、われわれ教員スタッフは機会あるごとに君たちに紹介します。国内および国外のスタディ・ツアーも計画しています。しかし何よりも、君たち自身が各自で積極的に学外に飛び出して、ボランティア活動に参加したり、在日外国人と交流したり、テーマをたてて調査や研究を行なうことが必要だと思います。行動的にネットワークを広げていくことです。そのなかで得たものをこの講座のなかにどんどん持ちこんでいただきたいのです。

おれは書斎派だといいたい諸君。

そういう諸君は、本を見つけだす君の磁力を強化して、たくさんの本を読み進めてください。

そうすることによって君たちの一人ひとりが形づくっていくであろう学びの記録、また、ゆるやかに、しかし意識的に諸君が何ごとかを追求する時間の流れを自分の内部につくりだしていく手立てとして、ぜひ、ノート、あるいはアルバムを各自でつくって欲しいのです。

この総合講座がもし君たちにとって何かを意味しうるとすれば、その意味が実現される場は、われわれが集うこの多摩プラーザの教室ではなく、固有に君自身においてなのです。

学ぶという行為、知るという行為は、本質的には個的なものです。授業という営みのなかでは問題の追求は集団によって行なわれるのですが、だからといって、君のかわりにだれかが学んでくれるというわけのものではありません。学ぶという行為は結局のところ君自身の行為以外のものではありようがないのです。

そういう君たち一人ひとりの学びの結び目として、この講座が機能できればいいな、と思います。

そのための手がかりとして今年も、この「講座通信」を発行します。、

君たちのレポートやノートのなかから、毎号、いくつかを選んで掲載したいと思います。ですから掲載について、あらかじめ、君たちの承認を得たいのです。

火曜日の定例授業のプログラムは、前期については別記のようなものをつくりました。前期はとりあえず、われわれ教員グループでつくりました。後期は未定です。

ここしばらくはどうしても教員主導の運営になるでしょうが、後期になったらできるだけ学生主導で活動をすすめていきたいと、われわれは望んでいます。

試験はしません。

本はかなり読んでもらうことになるでしょう。ときどきレポートとノートの提出を求めます。（ノートはすぐに返します。）

繰り返していいますが、レポートを提出したとか、講義によく出席したとかという外面的なことよりも、

君自身がこの講座に参加することで実質的になにを得たかということを重視したいと思います。単位だけ欲しい人は履修をとりやめたほうがよいでしょう。

【前期スケジュール】

若干の変更はあるかもしれませんが、おおむね以下のような予定を立てています。

4月12日　オリエンテーション
19日　ゲーム「南と北」
26日　「第三世界、開発、文化」テーマの解説　里見

見学および集会参加
二つのテーマを立てました。
1　「食物をとおして北と南を考える」
2　「在日外国人労働者」

2については、
4月29—30日
東日本外国人労働者問題フォーラム「多民族共生社会をめざして」（神奈川県社会福祉会館）に参加します。
後日、江戸川ユニオンの日本語教室（土夜）、木更津の「野の花の家」などの見学を予定しています。

1について は、
4月中旬もしくは5月の後半に亀戸の戸辺米穀店を訪問します。千葉県三芳村の訪問も予定しています。
ある程度、イメージができた時点で合宿を行ないます。5月中旬あたりの土曜―日曜ではどうでしょうか。

5月10日　「所得」とは何か　大崎正治
17日　読書会　テキスト　勝俣誠『アフリカは本当に貧しいのか』
24日　「国民」とは何か　永森誠一
31日　アフリカの人々はなぜ「部族」という言葉が嫌いなのか　楠原彰
6月7日　声とからだの文化　柿沼秀雄
14日　アフリカの女性の文学　福島富士男
21日　アフリカの太鼓　(ゲスト)
28日　スタディ・ツアーとは何であったのか
7月5日　ジャガ芋ととうもろこし　里見実
12日　タイのポップス
8月下旬

今年も国外のスタディ・ツアーを計画しています。タイの東北農村と都市のスラムに滞在します。ただし正規の授業とは別なので、あくまでも有志者の自由参加です。

例年、春の合宿でエンジンがかかっていくのだが、今年はその予定が流れてしまった。夏のスタディ・ツアーについては後述するが、これまでのタイのほかに、今年はもうひとつ、インドの農村を訪ねる旅を組んだ。後期の授業は、ツアーの報告、食べもの、援助や外国人労働者の問題が主要なテーマである。学生のレポートをもとにして討論するゼミ形式の授業だ。例年、秋から冬にかけて、日本の農村を訪ねる小旅行を組むことにしているが、今年はこれも実現できなかった。そのほか、年に四回、国内および国外からゲストを招いて話をきいている。

授業のみならず、合宿をしたり、いっしょに旅をしたり、イヴェントや聞きとり調査に参加したりすることによって、学生相互のコミュニケーションが深まっていく。そのことがひじょうに重要なのだと思う。

学生は積極的だ。まじめに授業に出るよりも、意識的に大学の外に出ていく学生が多くなるほうが、講座の趣旨とすれば望ましいのであろうが、実際、そういう傾向は確かにうまれてきているようだ。教室というのはいわば発進地で、一人ひとりが自分でからだを動かしながら学んでいく、授業はそのきっかけを提供できればそれでいいのだと思う。

二——タイ米をめぐる討論から

輸入米の一件も影響して、今年はコメの問題がよく授業の話題になった。以下は法学部一年生のTさんが行なった報告の要旨である。

私がタイ米たたきを取り上げたのは、近ごろ、自分のものの考え方がどうも気になるからだ。私はつい最近、キセルをしようとしたら(キップを失《なく》したといったんですね)、「どこから乗ってきたの?」「そこで何してたの?」「そんなら、その荷物は?」とか、「最寄りの駅は?」「キップ失したときは最寄り駅からもらうことになってんだけど」などと言われて、結局、正規の料金の倍ぐらい払わされて(自分が悪いんですけど)、ムカついて、「なんであんたにそんなことまで聞かれなきゃなんないのよ、たかが駅員のくせに。どうせろくな大学でてないくせに」と思ったのだ。

ほかにも、バイトに行った先のマネージャーがすごく態度が悪くて、こっちはマジメに仕事してるのに、仕事の話とかでも邪魔くさそうにしていて、それにもムカついて、「たかがスーパーの一部門のマネージャーのくせに何様のつもりなのよ、どーせろくな大学でてないくせに」と、ここでも思ったのだ。

ここで大事なのは、私が学歴を物差しにして人を見下してしまっているところだ。これがタイ米たたきとどう通じるのかと思われるかたも多いと思うが、別掲のAERA(一九九四年三月二十八日号)の六二ページ下の最後のほうと六四ページ下から二段目後のほうを読んで頂きたい。

共通しているのは、

○優劣をつけたがる

○良いか悪いか、上か下かという二者択一しかない

○自分が上で、見下す人を探している

ところである。

「日本のコメはおいしくて、タイのコメはまずい」＝「タイ産よりも日本産がよい」

そういう方程式ができてしまっている。

比較して優劣をつけたがり、寛容さがないのである。

タイ米がおみそ汁と焼き魚とかの和食にあわないのは当たり前である。タイ米にはタイ米の料理の仕方があって当然なのに、日本米と同じようにたき、同じメニューで食べればまずいのも当たり前である。

私の弟は、食べたこともないくせに、タイ米を「まずいんでしょ」と、ひとくちも食べなかった。食べもせずに、周りから聞いただけでおどらされている人も多かったのではないか。

欧米のものはなんでも有り難がるのに、アジアをバカにしてはいないか？

○同じラルフローレンの服でも韓国・中国製だと嫌がる。

○ＣＤの収録。ロス、ＮＹ収録をうたい文句にすると売り上げが伸びるのに、東京収録はそんなことない。

設備は日本のほうが整っているのに。

音楽雑誌で読んだ話。

○外人というと白人を連想する。でもコンビニで外国人強盗とかいうとアジア系の人を想像してしまう。

ものさしが固定されすぎなのだ。日本米のおいしさという基準、学歴という基準 etc……そんな基準を自分のよりどころにしないで、もっと自分の価値観、自分自身をもっていなければならないと再認識した。

Tさんはさらに、主題からちょっとはずれるが、といいながら、浪人時代、予備校に通っていたときのほうがもっと自分を省みていたような気がする、といった。予備校にフィリピンの農民や労働者の状況を熱っぽく話してくれる講師がいて、その公民の時間は自分も身が引き締まるような感じで聞いていたが、大学にきてからは惰性に流されて生きているように思えてならないというのだ。彼女の場合は、その予備校での経験がアジアに関心をもつきっかけになっていったようだ。

Tさんのレポートをめぐる討論

――日本のコメを食べつけている日本人が、タイ米をまずいと思うのは、それ自体は当然だと思う。

――同じコメといっても、一括りにはできない。タイ米と日本米は種類が違う。役人や商社は、コメなら似たようなものと、タカをくくって買い付けてしまったのではないだろうか。

――タイだって、お昼の弁当をもってこれない子どもがいるのに、日本に輸出されたコメが、こんなにたたかれたり捨てられたりしているのを見ると、釈然としない。

――Tさんが言っているように、タイ米は食べ方がぜんぜん違う。焼きめしやおかずをご飯にかけて食べればおいしいのだ。

――でも、私がせっかくタイカレーをつくっても、弟は食べようともしなかった。

――タイ米の匂いを気にする人もいるね。ぼくは、あの匂いがとても好きなんだけれど、タイに長くいる駐在員の人のなかにも、あの匂いが嫌だという人が少なくない。

――食べ物の嗜好というよりも、やはり東南アジアの文化への偏見があるのではないか。噂が流れましたよね。虫がいたとか、鼠の糞があったとか。

——農薬を使っていないから、時間がたてば、虫がつくのはあたりまえ。

——農薬は使われていないのですか？

——コメにかんしては、いまのところ、あまり使われていないようだ。ぼくらもかなり多数のサンプルを持ち帰って調べてもらったことがあるが、どれからも検出されなかった。あの低米価では、農薬のコストだって出ないのではないか。品種的にもインディカはジャポニカより農薬の必要度は低い。

——タイの人たちは、コメの食味にかんしてはひじょうにうるさい人たちなんだよね。ただ、その基準が日本人のそれとは違っている。それしかとれないから、仕方なしに、我慢してインディカ米を食べているわけではない。長い歴史のなかで、かれらはそれを選んできたわけです。古いレンガなどについている籾《もみ》がらを調べていくと、十二世紀くらいまでのシャム人はジャポニカ種の米を食べていたことがわかる。（渡部忠世という農学者がそれを調査をしている。(1)）それ以後、西南アジアからきたインディカ種にとってかわられていくのです。もちろん、食味だけでそっちを選んだわけではないのでしょうが。

——Tさんは、もうひとつ、予備校と大学のことも話しているのだけれども、こちらに関してはどうだろうか？

——まったく同感。

——予備校生時代は大学生を軽蔑していた。遊び暮らしてネジの延びてしまった人たちといった感じで見ていた。いまは自分たちがそうなってしまっているんだけれど。

——しかし、大学でこそできるような勉強もあるはずなんだよね。なんといっても受験がないのだから。

この討論をうけるかたちで、その後、タイ料理研究家の戸田杏子さんに来ていただいて、タイ米を食べながら食を考える授業をもつことができた。タイ米はスタディ・ツアーに参加した学生たちが持ちかえった香り米の玄米である。

「タイの留学生が日本にきて、つらいと思うことの一つは水っぽい日本米。そこで古米を買ってきて食べているのだけれど、世界中でもジャポニカのお米を食べているのは日本とか台湾とか韓国とか、ほんのわずかな民族だけ。大部分の人びとはタイ米のようなインディカ種のお米を食べている」と、戸田さん。

「タイ米騒動をとおして分かったことは、味覚もまた情報によって大きく左右されていくということ。あれだけまずいまずいと報道されると、タイ米はまずいものだと感ずるようになってしまう。こんなに美味しいものなのにね。焼酎の原料にまわされて、もう、お米屋さんにいっても、タイ米は手にはいりません。もっと多様な基準でコメを賞味するせっかくの機会を、こうして私たちは自らの手で葬り去ってしまったのです」

四――スタディ・ツアーで

授業の一環ではないのだが、それと連動するかたちで行なっているのが、夏のスタディ・ツアーである。

ここ数年はもっぱらタイを訪問してきたが、昨年からはインドとタイの二手にわかれて、それぞれ二週間程度の旅をおこなっている。インドはアンドラ・プラデーシュの農村、タイでは主として東北地方の農村に滞在する。大都市に住む農村出身者の生活にふれるために、バンコクでは一泊だけだがスラムにもホームステイさせてもらっている。

もちろん個人差はあるだろうが、二週間の旅で参加者が得るものは、がいしてひじょうに大きい。この旅が人生の転機になってしまった者も少なくない。教室での授業というものの非力さを逆に思い知らされるような気がしないでもないが、われわれの教室についていえば、この旅から元気をもらって帰ってきた学生たちが後期の授業を活性化する原動力になってくれているといえるだろう。私たちのほうも、それをかなりの程度、当て込んでいるわけである。

タイやインドでかれらが得たものは、人それぞれに異なるであろうが、そこに共通するものがないわけではない。「人から聞いたりテレビで見たりしても、どうしても信じられなかったのだが、ほんとうにこういう生活をしている人たちがいるんですね」と、これは去年タイ農村に滞在した学生の感想だ。環境的な諸条件のすべてを利用しつくして自給的な生活をつづけようとしているタイの篤農家たちの生き方は、なにもかもが商品化され、お金に依存して暮らしているいまの日本人には容易には想像しにくいものだ。土から離れ、極度に人工化された環境のなかで育ってきた世代の若者にとっては、土に接して生きる農民の暮らし方自体が実感しにくいものになってしまっているようだ。そんな出会いをとおして、ノーマルだと思ってあまり疑問もいだかなかった自分たちの生活がほんとうはかなりアブノーマルなものであることにかれらは気づかされるのだ。

最初の年のツアーに参加したUさんはツアー記録のなかで、こんなふうに書いている。

「草を食べている水牛、川で遊ぶ青年たち、いたるところで見た子どもたちの目の輝き、あちこち響きわたる村人の笑い声、果てしなく広がる青い空と緑の大地、こんなふうに村の空気はいつでもおおらかだった。こういう時間がめぐっている世界がある。こういう時を過ごしている人々がいる、と感じたことが今回の旅行での一番のショックだった。どうして東京で息の詰まる思いで足早に歩き、せっぱ詰まった顔をして満員電車に乗っていたんだろう、なんのための分刻みの生活だったのだろう、そう本気で考えた。十歩二十歩先を計算しながら生きる日本人にとって、いったい何が幸せなんだろう、私たちはこういう輝きや時の流れのなかにある、大きな幸せを忘れているのではないだろうか、と思った」

ほんとうは全員で旅をして、その共通体験を基盤にして、学びを深めることがより望ましいのであろうが、課外活動の予定と重なっていたり、家族に反対されたりして、はじめに参加を希望しながらも断念する者は多かった。自由参加の原則にもとづくボランタリーな試みだし、危険を危惧する親の気持ちもわからぬではないから、私たちもけっして強く参加を勧めない。だが、アジアにまつわる「汚い」「危険」というイメージが、相変わらず、多くの日本人のなかに深く根づいていることは残念ながら確かなようだ。そんなイメージが先行して、アジアへの旅を過剰に危険視してしまうのではないだろうか。それだけに、一度、そこに自分をおいたときの、参加者たちの感動は大きいのだ。

毎日、朝シャンをしないと気のすまないようなシティ・ギャルが濁った沼地で水牛といっしょに水浴しているうちに、華麗な翻身というか、すっかり人生観がかわってしまったりする。お嬢さん生活にどっぷりと浸かってきた彼女たちが、嬉々として泥にまみれながら、わたしホントは雑草娘なんだ、と「自己発見」したりする。自分のなかにより根源的な「人間」を発見したという思いがあるのだろう。

もっともタイ社会のほうも、年ごとに変化している。おなじ村でも五年まえと今日の村とではまったく違う。最近の農村では日本のそれと大差のない近代的な生活様式をもつ農家も出現するようになった。一九九三年に学生の一グループがお世話になったコンケーン近郊の村では、水牛の姿は完全に消えていた。そこまではいかぬ普通の村でも、赤茶けた村道にたたずんで見ていると、村に出入りする商人たちのトラックの多さにいささか唖然とする。

それにともなって、村の人たちは、多くの新しい問題をかかえこむようになった。借金をかかえている家庭が多い。とりわけ子どもや青年の行動様式のなかに、歪みが顕著にあらわれている。このところ、窃盗、暴力事件、シンナーの吸飲が激増している。少ない現金収入と拡大する消費への欲望に引き裂かれて、生き方への自信を失う者がふえた。若者がみんな都会に出てしまうので、村の人口の老齢化や過疎化もすすんでいる。

村の暮らしの「よさ」を十分に堪能することも必要だが、こうした変化の様相をしっかりと見つめることが、ますます重要になってくるだろう。そしてそれを「私たち」の、日本とタイの共通の問題として考え抜くことが。

スタディ・ツアーのありかたも根本的な見直しを迫られているようだ。

当然のことながら、私たちの旅には「偏り」があると思う。高いビルの頂上から下界のスラムを見下ろすような旅は、したくないと思う。旅行者ではあっても、できるだけ庶民が暮らしているその場所に身体をおき、そこから見えるものを自分の記憶のなかに刻みつけたい。高みから見える広大な眺望よりも、地面に近いところに視座をすえ、その小さく限られた視野のなかで現実をとらえたいと思う。

これは意外に難しいことだ。

私たちはなんといっても旅行者であって、その旅行者が、用もないのに普段の生活の場に踏み込んでくるのだから、土地の人びとにとって、わずらわしくないわけがない。

そういう私たちの勝手な願望がかなえられたのは、受け入れの仲介をしていただいた現地のパートナー(NGO)のお力添えによる。その助力によって、われわれの旅は実現した。これはタイについても、インドについても同様にいえることだ。インドのハリジャンの村での滞在をアレンジしてくださったのは、アンドラ・プラデーシュのNGO、CSSC(農村総合開発協会)——高山市の「サンガムの会」が支援活動を行なっている——であり、タイでのそれを仲介していただいたのはコンケーンのNERDA(東北タイ農村開発協会)とバンコクのSVA(曹洞会ボランティア・センター)であった。

こうした民間団体の活動をあいだにおきながら、タイやインドの現実を見ることができたのは、もう一つの大きな収穫だったと思う。

おこりつつある農村の変化をたんに現象として眺めるだけでは、それは真に現実的であるとはいえない。その変化に批判的に抵抗し、介入する諸力の運動との関係のなかで現実は不断に生成する。これらのNGOにとっては、現実はまさに生成されるべきものとしてある。私たちが学ばなければならないのは、たんに事態がどうあるかではなく、その事態と闘う人間の姿であるのだから。

五――小びとを育てて世界に放つ

われわれがこの講座のなかで取り扱っている諸テーマは、概括すれば、南北問題を中心にしたworld studiesということになるのであろうが、その目的とするところを、私自身は以下のように考えている。これは一九九四年度の年度はじめの通信に個人的なメッセージとして書いたものである。

第三世界を学ぶということ――自己遠心的思考のために

探り杖で地面を叩いている人を想像してみよう。

杖が小石を探り当てた、とする。この衝撃を、私は掌のかすかな感覚として受けとめるだろう。だが、探り杖を使いつけた盲人は、掌ではなく、杖の先端に小石を感ずるのだ。手の感覚はいわば杖の先に移動している。杖は、すでにして彼の手の一部になっている。熟練した職人にとって、道具が彼の身体の一部になっているように。

実際には、盲人もまた、掌で衝撃を受けとめている。ただ彼は、解釈する努力によって、自らの身体が受けとめたその感覚を、小石の存在を伝える意味ある感覚に変換しているのだ。

これはマイケル・ポランニーが「暗黙知」の構造を説明しようとして用いているモデルだ。彼がいうように、この場合、われわれは、手のなかの感覚を、杖の先にあってわれわれが注目している対象の意味との関連において感知しているのである。隔てられたところにあるものの意味と結びつけられることによって、自分自身にとって内密な、だが不分明な掌の感覚が、その意味を開示されるのである。そうすることによって、われわれは世界に向けて、自分の感覚を、あるいは自分の身体性を、拡大しているともいえるのである。

よく、子どもの思考は自己中心的である、といわれている。自民族中心主義などというのも、一種の自己中心的思考である。成熟する、ということは、その自己中心性を克服する、ということだ。しかし、だからといって、自分が自分以外の者になりうるわけでもない。重要なことは、探り杖を使い慣れた人のように、自分の感覚をうまく自分から脱臼し、遠心化できるということだろう。

この講座が、そのための探り杖として役立つとよいのだが。

第三世界を学ぶということは、当然、自分の世界を外に向かって広げていくことを意味している。どれだけの視野でものを考えるか、どんな世界を自分のなかにもつかということは、その人の行動の仕方やありかた自体を決定する大きな要因だから、視野を大きく拓くことの重要さは、どれほど強調してもしすぎることはないだろう。ただ知識や情報というレベルでいえば、テレビをはじめとするマス・メディアによって、アジアやアフリカについての情報はひところにくらべればはるかに多く流布されており、私たちにとって、アジアやアフリカは、情報環境としては意外に「近しい」地域になってしまっているのかもしれない。

視野を広げるということは重要だ。だがそれは、自分が世界の中心に鎮座していて、そこから周辺を俯瞰《ふかん》するというようなものであってはなるまい。視点を動かすこと、自分の目を自分からはずし、自分の外を自在に移動するもう一つの目で自分と世界を捉えなおすこと、認識の営みはそうした自己相対化の過程をそのうちに含むものでなければならないだろう。知識における視野の拡大は、自己を脱中心化し、世界の見え方そのものを変える営みと結びつくものでなければならないのだ。

「頭の中で視点を動かす」ことについては、佐伯胖氏が比喩のかたちで、すこぶる秀抜なモデルを示している。ものごとを理解するためには、まず自分をいくつかの分身に分けて、その分身たちを「もの」や「こと」に向かって送りこむことが必要だ。佐伯氏は、こうした分身を「わたしの生んだ小びとたち」と呼んでいる。小びとたちは事物や他者に接近して、さらには内部に潜入して、そのものの動きやそこから見える世界を「わたし」に向かって送信してくる。あらたに判明した事態に応えるべく、あらたに創りだされた分身が新しい使命をおびて現地に派遣されることもあるだろう。「知る」ということは、佐伯氏によれば、こうした小びとたちを創造し、派遣するすぐれて能動的な活動だ。そして自己とは、いうなればこうした分身たちのたまり場なのだ。

とはいえ分身はかならずしも「小びと」であるとはかぎらない。マクロな目をもつ「大びと」がいたり、「中びと」がいたりして、大きな分身と小さな分身を、目的に応じて適切に使い分ける(もしくは適切に併用する)ことが、実在認識の欠かすことのできない条件となる、と佐伯氏はいう。(2)

このモデルは、異文化理解にとっても有効なものだと思う。

小びととはいっても、それはもともと「わたし」から生まれるものであって、出発点は「わたし」以外の何者でもない。「わたし」のなかから飛び出した小びとたちは、しかし遠く隔たった諸対象のなかに自分をおき、そのかぎりにおいて自分を自分から引き離して、可能なかぎり、対象や他者の側から世界を捉えようと努めるだろう。これは危険な冒険だ。小びとは元来「わたし」の分身として生まれたものだから、その小びとが確証したつもりの対象的真理は、こちらの身勝手な思い込みをそのまま対象や他者に投影しただけのものになりかねないのだ。それを妨げるのは、対象が小びとにたいしてしかける「通せんぼ」だ。対象がはりめぐらしている障壁によって小びとの活動は繰り返し拒絶され否定される。それを直視しくぐり抜けて対象に潜入しうる小びとを送り出そうとすれば、派遣する「わたし」のほうも自らの体制を構築しなおすほかはない。自分のそれと隔たった社会や文化を内在的に理解することは、自分自身を隔たりのなかにおいて、それを対象的に吟味するということでもあるだろう。

そうしたフィードバックが、この講座のなかで、そして私たち一人ひとりのなかで、どれだけ進展しているかと問われれば、答えははなはだ心許ないものにならざるをえない。しかし、参加者たちの頭のなかから大小さまざまな小びとたちが湧きだし、飛び出していく静かなざわめきだけは確かに聞こえてくるようだ。すべてはこれからということだろう。

しめくくりにかえて、一九九四年度の学生の授業感想文を二つ引用したい。

アジアに対する意識の変化について

「何にもしゃべりたくないし、説明できない」

インドに今夏スタディ・ツアーに行った人の感想である。リポーターたちの口元には、しばしば強烈なインパクトを口にすることへのまどろっこしさのようなものが表れていた。伝わってくるものは情熱と体験の入り混じり。それ以上に報告者たち自身にもわけのわからない不思議な異国の魅力。絶え間ない人と人の波が渦のようにぐるりを囲む東京という都市。高層ビルが雑然と立ち並ぶ都会の姿に慣れた日本人は、踏みしめる大地との交わりを忘れた。

「タイの社会にはあたたかい人間関係が息づいている」

報告者たちが異郷の地で学んだものは、日本人が捨て去ったサブシステンスそのものだったのだろうか。僕には分からない。ただ、彼らが感じ見てきたものを僕も見てみたいと思った。

僕がこの授業から学んだものは、偏屈な理屈や理論ではない。むしろ国学院生の生の声だったと思う。タイ米について報告をしていた人がいたが、その発表の時のことはよく覚えている。報告者は言う。タイ米がまずいのは、日本人の意識下に対象を常に自己にとって満足のゆくように感じる、いわば無意識の差別意識のようなものがあるからだと。それに対して韓国からの留学生である禹さんが、韓国と日本を例にして報告者の意見を違った視点から解き崩す。いつしかタイ米の話が日本人論に膨らんで、偏差値の話やマスコミの話、いじめの話などにつながっていったのだった。みんなものすごく目を輝かせて、発表者の意見を固唾をのんで聴いている。今か今かと自分の意見を述べたくてうずうずしている人を見るのも面白い。

「朝まで生テレビ状態だな」

楠原先生の言である。こんな時間と場が僕にはとても貴重で、毎回この授業に足を運んでしまった理由かもしれない。

アジアを知ることは楽しいことなんだって思いはじめたのもちょうどこの頃のことだったと思う。それまで僕はアジアを、経済人の視点と戦争のイメージであまりにも見すぎていた気がする。今何かと注目されているベトナムにしたところでそうであった。マスコミはベトナムを、安価な労働力があふれる二〇世紀最後の有望市場としてしか語らない。僕の中のベトナムはいつしかマスコミと同じ貧弱なものになっていた。たしかに人々は勤勉で、政府は外国資本の導入に積極的である。ベトナム戦争から立ち直り、ドイモイ政策を旗頭に今力強く前進している国である。だがそこにはマスコミでは語られないたくさんの美しい笑顔がある。市場のおばさんや少女の底抜けに明るい笑顔。街を一歩出ると包み込むような熱気と活気。シクロの運転手たちの熱心な客引き。年端もゆかない少年の地図売りとそれを見守る老人たち。街にはホンダがあふれ人々の笑顔がまぶしい。乱開発や汚職だってある。だけどそれ以上にベトナムには豊かな笑顔がたくさんある。

タイやインドだって同じである。アジアは頭で考えているよりはるかに豊かな国なのだ。そしてそれは、スタディ・ツアーから帰国した報告者たちの顔を見たり話を聴いたりするにつれて確信に変わった。同時に今まであまりに表面的なアジアしか見ていなかったのではないかと思ったのだ。

「興味・関心という磁石を育てよう」

里見先生の言である。僕にこんな磁石があるのかどうか分からない。一生かかってもかかえきれない大きな問題に出会えるかどうかも分からない。自分が将来何に関心をしぼっていいか、まだはっきりとはしない。でも窓はいつだって開いている。注意して見る目と、感じる心があれば、窓はいつだって開いているのだ。この授業ではそういうたくさんの窓に気づかせてくれた。アジアはすばらしく、一生学ぶのにつきあっていいところなんだ。日本の中にもアジアはあるんだぞ。アジアを知る前に自分たちは日本のことを知っているのか、などなど、本当にたくさんの問いを僕たちに投げかけていたような気がする。

授業の細かい感想については詳しくは述べないが、一つだけ、興味を引いたテーマについて述べよう。それは大崎先生の、「所得」とは何かというテーマである。経済学者である先生が「所得」を示すGNPの限界を認め、豊かさという概念に疑問を投げかけられているが、僕は大変驚いた。GNPというものさしを当たり前のこととして国際間の豊かさの指標として使ってきたわれわれにとって、その豊かさそのものが、西洋中心史観の傲慢以外の何ものでもないというからだ。逆に精神的・文化的な豊かさならば、アジアやアフリカはけっして劣っていないというのである。こういうことを経済学者がいうのだから、昨今の経済学も変わったなあと思えて仕方がない。ものさしを疑うという視点はものすごく参考になっている。

最後に、この授業をうけて一番よかったことを述べよう。それは知りあいや友人がたくさんできたことだ。みんな本音で自分のことを語るから、自然と親しみがわく。それにすごく肩のこらない授業で、みんなに毎回会うのが楽しかった。こういう授業はすごく面白く、できれば来年もとって、今度こそはタイやインドへ足をのばしたいと思う。

（史学科一年　K君）

授業をとおして感じたこと

大学というものに胸をときめかせて入学した四月から、あっという間に一年が終わろうとしている。大学に求めていたもの、想像していたものとは大きくはずれた、つまらない授業に失望し、あまりにも勉強していない（ように見える）学生たちの姿にも失望した。かならずしも第一志望でないこの大学に現役で入った私は、ここにいてはだめだ、あそこにもしいれば、などと考え、仮面浪人しようとも考えた。

しかし、この失望の嵐から私をこの今の立場につなぎとめたのが、この授業だったのである。まさに私が求めていたものであった。小人数で、みんなが授業に参加し、各々がテーマをもつ。そして決められた形にこだわらず、知識の丸暗記ではない、本当の意味での勉強。私が考えていた大学における勉強が、ここにはあったように思う。

この授業は「第三世界における開発と文化」である。しかし、私は第三世界と日本の関係や、世界の動きについての知識は少ない。例えば、PKOについて問われたとき、意見を述べることはできても、実際の数や活動内容の細かい部分での例を出して、確固たる見解を今すぐ出すことはできないし、出したところで、反論をされれば、たちまち納得をしてしまうだろう。

自分はなんと知識が少ないのだろう。本当に自分は世界のことなんかに興味があるのだろうかと、この授業に参加し、たくさん発表する皆さんを見て何度も思った。そしてそのたびに国際関係の本を開いたが、機関名のずらずらと長い漢字や略称のアルファベットの並ぶその本は、どうも頭の中を素通りしていくのだ。

自分の中での矛盾が高まるにつれて、心の中であたふたしていくが、そこで出会ったのが、この授業で聞いた「知識というのは、自分の中の磁力を強めていくことなんだ」ということばだった。そこで私自身の磁力というものを考えてみた。すると急に肩の力が抜け、気持ちが楽になって、自分の身の周りの興味のあるものから始めればいいのだということに気づいた。

私が興味があったのは、いや、いつも考えていたのは、まず、自分がどんな職業につきどんな人間になるのかということ。二つめが女性問題。そして三つめが広い意味での民俗文化であったのである。

そうすると、自然とその視点から世界のことをもっと知りたいと思うようになってきたのである。例えば、各諸国での女性の地位は？　とか、どんなものを食べて、どんな家に住み、どんな服を着ているの？　とか、どんな祭りがあり、どんな踊りがあるの？　そしてそれには宗教がどのように絡んでいるの？　とか……。

ほんとうに素朴で簡単なことではあるが、これが大切なことであったのだ。

前回の戸田杏子先生の授業は、その縮図だったような気がして、とてもおもしろかった。「タイのカレーって、どんなのだろうね」と、友人とふらふらヒルトップ・レストラン（注　この日は教室をそこに変えた）に歩いていき、そこから、タイの文化、人々の生活、都市と村の格差、衛生の問題、国境と民族の問題がすんなりと頭に入ってきた。そして女性であんなに行動力のある戸田先生にたくましさを感じた。私の友達に外国人は何人かいるし、実家では一人のフィリピン人女性がアルバイトで働いている。難しい本でなくても、すぐ近くには、勉強する題材、原石がいくらでもころがっているのだ。

私にとってはこの授業は、どこにあるか分からず、ずっと探していたスタート地点を、スタートなんてどこでもいいと教えてくれた。そして、どこを進み、どこにゴールがあるというのではなく、自分で道をつくり、ゴールを決めるのも自分だということも教えてくれた。そして進みにくい初めの部分だけを、一緒に少し歩いてくれたのである。

私は一年過ぎでやっとはじまったのである。

これから、この授業を通して学んだ第三世界の問題を感じながら、多くの体験に臨み、多くの人に会ってみたい。アジアを勉強し、アジアを理解することで日本を理解するのが大切であるように、多くの刺激を通して、自分を素直に理解し、今まで育ってきた日本人の私として、他者との関係をつくりあげていきたい。そして、他人の価値観、国としての価値観などを知った上での私自身の価値観をもって、等身大の私で、私の世界をつくりあげていきたい。

これから、どんどん道を切り開いて歩いていく。ときには迷うことも、止まることも、そしてかけ足してつまずくこともあるだろう。しかし、それが全部私の道であり、前にあるのが、私が向かっているのがゴールなのであるから。

（法学部一年　Kさん）

この原稿を書きあげた三月初めの今日、K君のはがきがソウルから届いた。授業で知り合った留学生の禹君の世話でソウルに来ているという。ソウルはキムチのように、すごくはっきりした表情豊かな町です、とあった。

（楠原彰編『世界と出会う子ども・若者たち』国土社）

【注】

（1）渡部忠世『アジア稲作の系譜』法政大学出版局、一九八三年

（2）佐伯胖『イメージ化による知識と学習』東洋館出版社、一九七八年

2 スカラベの世界

一——糞虫・クッチーのこと

タイで五十肩を拗《ねじ》らせて、病室でこの記録を書いているのだが、窓の外の紅葉する木々を眺めながら今年のワークショップをふりかえっていると、ようやくいまになって思い当たることがあると同時に、あらたに浮かび上がってくる疑問や気づいた見落としもあれこれと出てきて、もう少し確かなものを書きたいという気持ちが悔いとともに昂じてくる。とはいえ、そうそう原稿を引き伸ばすことはできないし、疑問や思い違いを補正するにしても、この状態ではどうにもならないから、基本的には手もとのノートとぼくのアタマのザルに引っ掛かった記憶だけで、とりあえずの記録をまとめておくほかはないだろう。

はじめに今年のワークショップのためにインペーン側が選んでくれた四つのテーマがなかなかの「すぐれも

の」であったことを感謝とともに言っておかなければならないだろう。四つのテーマがきわめて奥行きの深い、興味豊かなテーマであることは、十八日におこなわれた事前の解説ですでに明瞭であった。呉さんなどは、このレクチャーに接しただけでもうタイに来た甲斐は十分にあったと言っていたが、ぼくも同感である。テーマというのは、プラー・カーンという川魚(乾期の水の少ない川で産卵する)、白蟻とキノコ、田植え後に男の子たちが水牛をつれて森の小屋に籠もるタップ・クワーイの風習(これは一種のメンズ・ハウスといえる)、そして糞虫(タイ語でいう「クッチイ」)である。こんなふうに名前を上げただけではよく分からぬだろうが、キエンさんやワットさんが、それぞれについておこなってくれた興味津々たる説明をここに再現すると、それだけでかなり長大なレポートになってしまうから、ぼくのテーマとなったクッチーについてだけ、あらましを記しておくことにしよう。

牛や羊の糞にたかって、これを球状にまるめ、自分の穴に運び込むのが、いわゆる糞虫(スカラベ)で、これはファーブルの昆虫記などをとおして、知識としては日本のぼくらにもかなり親しいものだ。その土地土地で種類は多様なのだろうが、イサーンには、少なくとも六種類のクッチイがいるという。

一つは、「山の赤いクッチイ」。クッチイ・デーンという種類で、今度、ぼくらが追いかけることになる糞虫だ。成虫は大きな、ひじょうに美しい甲虫《かぶとむし》で、子どもたちから珍重されている。好んで食べるのは水牛の糞。水牛とともにある甲虫といってよいだろう。(ヨーロッパの「たまこがね」が羊とともにあるのと同様だ。)

たんぼに住むクッチイも二種類ほどいるようだ。やはり水牛の糞を餌にしているが、こちらのほうは雨期になると田が冠水してしまうから、山のクッチイとは生活歴がかなり異なってくるはずだ。たんぼのクッチイについてのくわしい説明はなかったが、映画「東北タイの子」に、飢えた子どもたちが懸命にこの虫を掘っているシーンがあったのを、ぼくは鮮やかに記憶している。

それから馬の糞にたかる糞虫。持参した図鑑で見るとシリタマオシコガネとよく似ているが、定かではない。森のクッチイやたんぼのクッチイは人間の食用に供されるが、このクッチイはけっして食べない。人糞にもたかるからだという。

豚の糞につくクッチイもいる。これは薬用として使われている。鵞口瘡《がこうそう》に薬効があるのだそうだ。

クッチイ・ローグボクという花を食べるクッチイもいる。出てくる花を食べ、また、そこに産卵する。

クッチイ・デーンだが、これが今回のテーマに選ばれた一つの理由は、いまがまさにこの虫の交尾・産卵の時期だからだろう。（春の打ち合わせの段階では、クッチイではなく「玉虫」という案のほうが有力だった。）まえにもいったようにクッチイの成虫は水牛の糞を完璧な球状にして、それを転がして適切な砂地に運び、そこに穴を穿って糞玉を収める。雌はその糞玉に卵を産み落とすわけだ。

ワットさんは地下の巣と糞玉を絵に描いてくれたのだが、その絵を正確に思い出すことができず、ぼくは少し困っている。ワットさんが描いてくれた糞玉は、球というよりも洋梨に近い形だったように、ぼくは記憶しているのである。おそらく、そうだったのだろうと思う。成虫は穴から出てエサを探し、また穴に帰ってきて、産卵した糞玉を見守るのだそうだ。交尾も穴のなかでおこなわれるという説明もあったが、これには異説が続出、結局よく分からない、ということに落ち着いた。
三、四月ごろ、村の人たちは土を掘り返して白い幼虫を捕える。マンで（こってりと味が濃くて）たいへん美味なのだそうだ。そのころには親の成虫はもう死んでいる。
クッチイ・デーンが成虫になって地上に出てくるのは、七、八月。村の人は成虫も食べるけれども、かたくなっていて三月のころのように美味ではない。ぼくらと歩いた村の人たちは、目下はクッチイよりも竹のなかに潜んでいる甲虫の幼虫(タイ語での呼び名はドゥーアン＝月。まさにかぐや姫である！)に興味があるらしく、それらしい竹を輪切りにしては筒のなかを調べていた。これも柔らかくておいしいのだそうだ。

以上がわれわれがミーティングで得た事前知識である。村の人たちにとっては常識なのだろうが、ぼくらにとってははじめて聞く話が多く、夢中で聞いているうちに気がついたらもう昼食の時間だった。

二——クッチィ・デーン捕り

クッチイのグループに属したのは、なりゆきでそうなったまでで、自分からつよく希望したわけではない。このテーマを希望する日本の参加者が少なかったので、残り物を引き受けた、といったところ。結果的にはこれが大当たりで、ここしばらくはこの糞虫がぼくの好奇心を強い力で引き摺りまわすことになりそうだ。

クッチイ・グループの滞在地はクットヘート村だった。

村から西へ四、五キロ入ったところに山寺があり、その奥が岩場というか切り立った崖になっていて、その下にプーパンの森が広がっている。ここから見るプーパンの森は絶景で、タイにもまだこんな広大な森があるのかと、はじめて来たときはすこぶる感じ入ったものだ。左手にプー・コー、プー・マックネオといったカラシン県の山並み、正面の山がプー・ノーン。ワークショップのもう一つのグループは、この山並みの向こう、ウドンタニ県に近い村に滞在しているはずだ。その右手がプー・スーン、プー・パンサン、さらにプー・ホイマー。山道を隔てた左側、つまりわれわれの背面にもじつは同じように広大な風景が開けていて、こちらはサコンナコンの国立公園とその周辺だ。わがブア村やクットヘート村も、その眺望の範囲に納まっている。

すぐ真下の疎林の一角が裸地になっていて、そこに水牛キャンプの小屋がある。耳を立てると、あちらからもこちらからも、牛や水牛の鈴の音が聞こえてくる。それぞれに異なる音色だ。われわれは、迂回路を辿って森に下った。途中で出会った水牛糞を一つ、掘り返す。小さなクッチイが二〇—三〇匹。めざすクッチー・デーンはいない。牛が草を食べている情景には随所で出会うが、水牛の姿は稀だ。水牛小屋でも、それは同じだった。二〇—三〇頭の牛が群れていたが、ここにも水牛はいない。まだキャンプは始まったばかりで、小屋の人影は少ない。ところどころに板が敷かれていて、その上に塩が盛られている。水牛が少なくなっているのだから、クッチイも、それだけ探しにくくなっているのは当然だろう。

いつもしんがりに張りついて、ぼくのような落後者を気遣ってくれているタオさんがクッチー・デーンの穴を掘りあてた。かなり深いところから、五センチメートル大のみごとなクッチイを掘り出す。日本のかぶと虫とよく似ている。

オスには小さな角があるが、日本のかぶと虫のようにみごとなものではない。掌に載せると下に潜ろうとして、指のあいだにアタマを突っ込み、三対の肢、とくに二本の後肢をオールのようにして強い力で漕ぐ。アタマの上にブルドーザーの前板のようなものがついていて、それで土を動かすようだ。恐怖の表現であろうが、緑色の粘気の強い糸状の糞を指のあいだに残して、掌の外に逃れようとする。十八日にセンターで聞いた話では、クッチイのこの糞は、土壌を肥やす力が大きいようだ。

牛の大群がかたわらを通り過ぎた。寝ゴザを背負った二人の青年が、完全な旅支度で牛たちを追っている。カラシンから移牧しているという。この辺りの村ではこれほどたくさんの牛を飼っている農家はないが、飼育頭数が多いとそれだけ移牧する距離は大きなものになるだろう。草場をめぐっての地域紛争はないのかと聞いたが、ない、とのことだった。

途中で滝があった。滝とはいっても、あまり高度差はなく、冷たい水が勢いよく斜面を流れているだけだ。そこに足をあてて休息。

帰途、ソンポーさんがまたクッチイを発見した。柔らかな糞のあたりをかなり深く掘り下げる。それでも大きなクッチイを掘りあてるのはむずかしい。糞に集まっているのはクッチイ・ノーイと呼ばれている小さな糞虫ばかりで、これは多いときには何十匹も集まっている。

道端に腰かけたソンポーさんがクッチイの一生を子どもたちに概説していた。

「クッチイはいまがちょうど交尾の時期なんだよ。母親が用意した地下の糞玉で卵から孵《かえ》って幼虫になる。それを見守っていた母親は、十二月ころには穴から出て、間もなく(長くても一か月くらいすると)死んでしまう。幼虫は糞玉のなかで、それを食べて大きくなっていく。三、四、五月ごろの幼虫は美味で、このころが村人のクッチイ捕りの季節だ。その後、クッチイは成虫となって、糞玉から出てくる。赤い皮膚はだんだん堅く、黒くなっていく」

三――夜、まとめのミーティング

ぼく自身の私的な感想をまじえて言えば、そもそもこのワークショップでぼくらは何をしようとしているのかを、あらためて考えさせられる機会が、今年は何かと多かったように思う。日本側もそうだったが、夕イ側もそうだった。

森林局のオフィスの中庭を使わせてもらって(池のある庭園。公園の形で公開されているようだ)お弁当を食べたのだが、食後の雑談でワットさんがこんなことをいうのだ。

子どもたちの多くは小さいころからクッチイ捕りをしているから、この虫について、かなりのことを知っている。もちろん、こういう機会を利用してあたらしいことを知ることはできるし、外国の人たちといっしょに山を歩く楽しさはあるのだが、クッチイ捕りそのものが、かれらにとって目新しい経験であるわけではない。問題は、一応の知識をもっているために、子どもたちがより深いレベルで自分の知っていることを知りなおそうとしないことだ。その壁をどう破っていくか、まだ自分たちにはよく分からない。日本の人たちとそのことを考えたいのだ。

ぼくの言葉にしてしまっている部分もあるが、ワットさんの話は、おおむね、そういうことだったと思う。いうまでもなく、第一回目のワークショップ以来、ぼくらがくりかえし、挑戦し、つまずき、またあらためて挑戦してきた問題を、ワットさんは鋭く要約してくれているのであった。それは子どもたちと接する彼女自身の日常の問題でもあるはずだ。

具体的にクッチイを素材にしながら、彼女のこの問いかけに、ぼくはどう応えていけるだろう? 自分が重大な場に立たされていることを、ぼくは感じないわけにはいかなかった。くりかえして言うが、ぼくのクッチイに関する知識は質量ともに貧弱そのもので、到底、子どもたちに太刀打ちできる性質のものではない。あたらしい知見を提供するという形で、子どもたちの認識の地平を広げていくのは、村の大人たちの仕事ではあっても、ぼくらの仕事ではありえない。だとすれば、ぼくはどのような仕方で、ワットさんの問いに応答したらよいのか。とりあえず、今夜のミーティングをどのようなものにするかが、鍵のように思われた。

夜のまとめのミーティングのために、ぼくは二つの作業を考えて、ワットさんに提案した。彼女も賛成してくれて、それを軸にしてミーティングは進行した。

第一は、捕ってきたクッチイを眺めながら、クッチイに聞きたいことを、クッチイへの質問の形にまとめる作業だ。クッチイについての質問ではない。クッチイへの問いかけだ。うまく伝わったかどうか、よくわからないが、ぼくはそのことをことさらに強調した。これは翌日の「発表」をたぶんに意識した布石だったが、ぼくとしては、クッチイについての研究発表ではなく、クッチイから見た世界を推理し表現する、という仕方でこのワークショップをすすめてみたらどうかと思ったのである。

第二に、それを集約したうえで、クッチイならどう答えるかを、大人に聞くのではなく、まず自分で考え、考えたうえで大人を交えて討論するというすすめ方だ。

これがある種の危険をふくんでいることは、十分にわかっていた。人間の側の思い入れで、クッチイを勝手に「理解」してしまうことだ。人類学者が[If I were an horse theory]といって腐すものがそれで、自分が馬になった「つもり」で、逃げた馬のゆくえを探す間抜けな馬飼い(民族学者)を皮肉ったものだ。クッチイの視点で考える、ということ、つまり人間としての視点から自分をずらして、クッチイとしての立場で考えるということをぼくらは企図しているわけだが、この方法には、それを妨げる要素もふくまれているのだ。

第一の作業は、大成功だった。

子どもたちは最初は三つのグループに分かれて、思いついた質問を出しあい、それを全体で集約するという手続きをとったのだが、各グループから出た質問は、さすがに、というか、日ごろこの虫に親しんでいる子どもならではのひじょうに質の高いものであった。

質問の全体は石田愛さんが訳して記録に収めることになっているが、全体会で披露されたもの、全体会には出なかったもののグループのなかで話されていて、ぼくらの耳にとまったもののなかから、いくつかを拾い上げてみよう。

a　どうして水牛の糞で玉をつくるの？　他の糞はつかわないの？
b　メスはどうして、卵を産んでから死んでしまうの？
c　どうしてメスは鳴かないのだろう？
d　どうして穴を掘るの？　どうして木につかないのだろう？
e　成虫はどうして夜しか飛ばないのだろうか？
f　どうして草を食べずに糞なんか食べるの？
g　どういうふうに交尾するんだろう？
h　大きくなってからは、どんなふうにしてエサをさがすんだろう？
i　どうしてオスには角があるの？
j　危険から身を守るために、どんな方法を使うのだろう？
k　どんな敵がいるのか？

1　羽が赤いのが、なぜ黒くなるのか？

全部の質問というわけにはいかなかったが、いくつかの質問については、みんなで予想される答えを考えた。聞いていた大人たちが、だんだん口を挟むようになって、大人たちのあいだで激しく意見が対立する場面もあり、ひじょうに面白い展開になってきた。たとえば、

aについては――、

☆水牛の糞は粘りがあって玉にしやすいのではないか。（子ども）
☆昔、森のなかには水牛がたくさんいたから、糞が探しやすかったんだ。（子ども）
☆水牛の糞といっても、半分崩れたような、ちょっとわかりづらい糞に、クッチイはとりつく。そうでなかったら、人間によってたちまち捕りつくされてしまうだろう。（大人）
☆エサがなければ、牛の糞だって食べるよ。（子ども）
☆おれはオスの水牛とメスの水牛を別々なところで飼っていたことがある。ところがメスの水牛のいるあたりではクッチイの穴が見つかるのに、オスのいるところにはそれがない。そこで考えたのだが、クッチイは、子どもを産むときは、メスの水牛の糞だけを使って、糞玉をつくるのではないだろうか。オスの水牛の糞でも食べることは食べるんだよ。しかしそれは自分のための食料で、子どものためにはメスの糞だけを使う。自分の経験から推して、おれはそう思っている。（大人）

bについては――、

☆子どもを産んだら、あまり数がふえないように自分は死んでいくんだよ。ハチ、チャカチャン（セミ）、コオロギ、玉虫、みんなそうだ。（子ども）
☆新しい生命を残したら、親虫は死んでいくんだ。（子ども）
☆オスはどうなるの？（子ども）
☆オスはあたらしい奥さんを探す（笑い）。
☆乾期で地面が固くなるでしょ。もう寒くなって力もない。それで穴を掘ろうとしても、もう土を掘れない。（子ども）
☆いや、母虫は穴のなかで死ぬんだよ。穴を掘ったら、糞玉のところに成虫の死骸があったのを見た。（大人）
この意見には猛反対する人がいて、議論ははげしく対立した。どちらも自分の経験を論拠にしているから、お互いに譲ろうとしない。

dについて――、

☆外敵に襲われにくいからじゃないの？（子ども）
☆玉虫とは違って、穴を掘りやすい身体の構造をもっている。（子ども）
☆安全なところで卵を産むためだ。（子ども）

hについては――、

☆夜飛んで、エサを探す。糞玉をつくりながら、それを食べるのだ。（子ども）

ｉについて――、

☆角はたたかうときに使う。（子ども）

☆穴を掘るときにも、角を使うよ。（子ども）

☆しかし、いちばん大きな用途はやはり武器だろう。（大人）

こんな調子で、興味深いやりとりが続いたが、時間不足で、全部の質問について議論することはできなかった。ぼくとしては、ｅやｆについても、ぜひみんなの考えを聞きたかったのだが、昼の疲れが出て、子どもたちの集中力ももう限界と思われた。今夜の議論を、明日の作業のなかでどういかすか、興奮気味のアタマを夜気で冷やしながら帰途についた。

四――劇にして発表する

寝つかれぬままに考えたことの一つは、これは芝居のかたちではなく、絵本のかたちにまとめるべきではないか、ということだった。

第一回のワークショップで、ぼくらは地下水のことを調べて、「白アリは水の先生です」という絵本をつくった。もっともこの絵本は、われわれが文を考えて、子どもが絵を描く、というかたちで出来上がったものので、実質的に子どもの作品とは言いきれないものであった。その限界をいずれ越えたいとは思っていたのだが、今度のワークショップではそれが実現しそうな気がしたのだ。

川口さんのスケッチに刺激されたポンやセエが驚くほどの執心で植物の写生にとりくんでいる姿に接していたので、それも心強い心証の一つだった。

問題は時間と夜の発表の形式であった。お寺で大勢の人のまえで発表するとなると、絵本・紙芝居という形式はどうも馴染みにくい。子どもたちが文の中身まで吟味して絵本をつくるとなれば、かなりの時間を準備にあてなくてはならないだろう。その時間がとれるだろうか。

芝居という形式のほうが、子どもにとって取り組みやすいものであることは、これまでの経験からも重々わかっていた。このテーマは、芝居にしても、それはそれで面白いものになりそうだ。明日は両様の構えで臨むことにしよう。そう思って眠りについた。

危惧したとおり、翌日のスケジュールは大きくくずれこんで、それはグループ作業に皺よせされた。子どもたちの関心も、芝居づくりのほうに傾いていた。絵本づくりは、どうも諦めたほうがよさそうだ。子どもたちが劇のプロットをつくり、ぼくらが意見をくわえて、結局、以下のような作品ができあがった。

第1景　ヘオ・ハム・ホルツの岩場。

まず鈴の音。水牛を追う叱声。一人のおじいさんが、水牛の群れをつれて登場。道草を食う奴もいる。一頭のやんちゃな水牛、突然、催して舞台正面で脱糞。糞がぽんと跳びだして、両手を円にして名乗りを上げる。

ポン・ペン・キイ・クワーイ・ティ・ヌン（ぼくは水牛の糞第一号）

お腹をおさえながら、もう一つふんばると、第二の糞。

でぃちゃん・ぺん・きい・くわーい・てぃ・そん(わたしは第二号)

以下、三、四と糞をだして、水牛はようやく、気持ちよさそうに両手を広げ、身体をゆする。

水牛、退場。

第2景　場所、同じ。

水牛の糞、豚の糞、草なども生えている道端。クッチイ二匹が登場。いろいろなものを試食する。おいしいのは水牛の糞。

オスがメス・クッチイに求愛。メスは有頂天になるが、そこにもう一匹のオスが登場。その誘いにもメスは有頂天。

両方のオスがメスの手を引っ張りあう。メスはあっちに傾き、こっちに引き寄せられ。

決闘で勝ったほうをわたしの旦那さんにするわ、と、メスは言いわたす。はげしい決闘。

第3景　結婚したクッチイのつがいが相談をしている。子どもが生まれるのだけれど、どうしようか。

糞で子どもたちのための巣をつくろう。

でも、豚のうんちじゃおいしくないよ。子どもたちには水牛の糞でお家をつくろう。クッチイは散らばっている糞を集めて、丸い玉をつくる。重労働である。大きな糞玉を二匹で一生懸命にころがして穴に運ぶ。メスはそこに産卵。

第4景　穴のなか。六か月が過ぎる。

母クッチイは「もう、わたしの仕事はすんだ」といって死んでしまう。

父親も、あたらしい配偶者を求めて、穴から去ってしまう。

幼虫は成長し、糞玉から抜け出す日がやってくる。

成虫はオーという男の子。大きく伸びをして独白。

「ああ、清々するな。六か月も穴のなかにいたから、身体がとても窮屈だった。おお、ここが人間の世界か。

親父が奥さん二人なら、おれは四人と結婚するぞ」

最後の台詞は、オーの即興だ。


いろいろ気になる点はあるが、まずまずの仕上がりといえようか。受けを狙ったやりとりが多く、肝心の部分の掘り下げが、もう一つ不十分だったと思う。話の構成は、大方は子どもたちにお任せだった。人間ではなく、クッチイを主人公にしよう、ということは強く主張した。演出の細部でも、いろいろ口を出したが、昨夜の議論を深める形で表現の一つ一つを検討することはできなかった。

スーさんが最後の反省会でいっていたように、発表というものをどう考えたらよいのか、ここらで再検討が必要になっているのではないだろうか。村人に見せる、ということを重視するのか、自分たちの理解を深めることを目的にするのかで、発表の在り方はずいぶん違ってくるだろう。「見せる」という意識が、われわれのなかにも、子どものなかにもかなり強く働いていて、そのために、ことがらの深い理解が妨げられている面もあるのではないか。要するに、受け狙いに走ってしまうのだ。

最後に副次的なことかもしれないが、メスが卵を産み落とす糞玉は、やはり洋梨型だったのではないかと思われる。母親は、水牛の糞の丸い球を穴に運びこんで、洋梨型に変形する。幼虫は、洋梨の頸の部分に生息し、下部の丸い食料庫を少しずつ食べ進んでいく。上部の外皮のあたりを薄くすると、なかのパンが乾いてしまってひじょうに危険なことになるのだ。こうしたことについて、その場で修正できなかったことは、やはりぼくらの準備不足で、たいへん残念なことだった。

オーという男の子は、当初から注目していた男の子だ。初日はゴチゴチに緊張していて、それがどのように崩れていくか、ぼくは注目していたのだ。かれの台詞は世代の交代というきびしい生命の掟に迫ったものとは到底いえないが、こういう即興が口をついて出るということは、かれなりにこの間の経緯を楽しんできたことの証左だろう。

五――クッチーに魅せられて

ワークショップの出来そのものは、かならずしも満足しうるものではなかったが(いつものことだ!)、それでも、ぼくにとっては学ぶところの多い三日間だった。子どもたちとクッチイを探したり、それを劇に表現したりしているうちに、ぼく自身がクッチイの魅力にとりつかれてしまったのだ。今度のワークショップは、子どもにとってどうだったかは別にして、ぼく自身にとっては大きな収穫だった。

ワットさんの問いかけに触発されてこの二日間に考えてきたことを、ぼくは、最後の日の反省会で自分なりの言葉で整理してみた。その記録はいずれ報告集に収録される予定なので、ダブルことになるが、おそらく、こんなことを言っているはずである。

「子どもにとって、クッチイはまずは食べるものであったり、玩具であったりする。あるいは汚物を食べて生きる下等な昆虫であったりするだろう。ぼくもそう思っていた。しかし、それは人間の目から見たときのクッチイなのであって、クッチイの世界を、クッチイそのものにそくして捉えたものとはいえないだろう。ぼくの目は、ぼくの顔に引っ付いているが、その目を一度自分から引き剥がして、クッチイという一個の生命体の側から世界を捉えたら、どんなことが見えてくるのだろうか。そんなことを想像する機会として、このワークショップを活かせないだろうか。ぼく自身、子どもたちといっしょにクッチイを追いかけて、いまではこの虫に大きな興味をもつようになった。クッチイの生存戦略は、すばらしいものだ。どんな動物でも、自分の住みやすい土地を探して、そこを棲息地と定める。その住みやすさには、二つの要素があるはずだ。一つはよいエサが豊富にあること。もう一つは危険が少ないこと。残念ながら、この二つの条件は齟齬《そご》することが多い。エサ場はしばしば外敵に襲われる危険に満ち満ちている。クッチイも、成虫の場合は、そういう危険に満ちた地上でエを漁っている。しかし、かれらは、産まれてくる卵たちのためには、この二つの条件をともに満たす特段の環境を、自らの力で創出しているのだ。もっとも良質な糞玉でパンのカプセル、いわば子どもが育つ土地そのものをつくって、それを安全な地下に運びこんでいるわけだ。そのことがわかってきて、ぼくは、この虫がすっかり面白くなってしまったのだ」

クソを運ぶ愚かな虫、というイメージがタイでも強いのだが、ほんとうはクッチイという虫は、なかなかの知恵者かもしれないね、と、キエンさんは、つけたしてくれた。

ぼくはいま、病室に持ち込んだファーブルの『昆虫記』を、あらためて読み返しながら、このレポートを書いている。そこには例の洋梨型のクソ玉のもつ意味についての、ファーブルの考察が披露されていて、そこで、かれはこのようなことを述懐している。

虫たちに関する情報をたんに収集するだけでなく、「なぜ」「いかにして」の領域に踏み込もうとすれば、われわれはその事実に何らかの推理や解釈をほどこさなければならない。しかし「たまこがね」の行動にたいする私の解釈は、私という人間の解釈なのであって、たまこがねにはたまこがねなりの別な考えが、われわれのそれよりももっとすぐれたかれらの論理があるかもしれないのだ。ひょっとすると、われわれは昆虫に、勝手にわれわれの論理を当てはめていることになるのかもしれない。その危険は大きい。しかし危険だからといって、われわれは人間として問うこと、推理することを放棄するわけにはいかない。「世界は、ただわれわれがこれについてつくる思想によってのみ、われわれの興味をひく。思想がなくなれば、いっさいは虚しくなり、混沌となり、虚無となる。事実を積み上げるということは認識ではない。それは冷たい目録である。たましいの炉火でその冷たさに熱を与え、それにいのちを与えなければならない。思想と理性の微光を呼び入れなければならない。解釈を下さなければならないのである」

昆虫を人間に擬している、ということで、ファーブルは自然科学者たちの軽蔑をかってきたようだ。しかし「理性がわれわれに告げるところのものと、本能が虫に告げるところのものとが、驚くほどうまく一致するのが見られたならば、これはすばらしいことといえよう」というかれの言葉は、虫たちの行動をまえにして人が「考える」こと、「推理する」ことの豊かさと戦慄を伝える金言だと思う。擬人化思考の危険についていえば、それをもっとも鋭く自覚していたのは、当のファーブル自身だった。下手をすると擬人化におちいりかねないその危険と裏腹なところで、かえって擬人化をつきぬけ、人間の自己中心的な推断では律することのできない昆虫そのものの行動の論理に迫ろうとしているのが、ファーブルの面白いところだ。

見えるものを手がかりにして、その見えるものの向こうにある見えないものを見る楽しさを経験する、というのが、このワークショップの一つの目標であった。あるものを、ただあるものとして知るのではなく、それについての「考え」をつくりながら、そのものをより深く知る、そういう学びの在り方を、ぼくらは追求してきたのだと思う。

スタディ・ツアーの最終日、来年のワークショップについて、タワチャイさんとちょっとだけ話し合った。来年も同じテーマでもいいかもね、とぼくがいうと、タワチャイさんも深くうなずいていた。テーマを少し固定して、もっと掘り下げた認識の営みを実現したい、という希望がぼくにはある。そのためには、日本のわれわれのほうもそれなりの準備と覚悟が必要だろう。日本人と遊ぶ楽しさに引かれてワークショップに参加する子どもは多く、それはそれでかならずしも悪いことではないのだが、その期待に応えるだけのワークショップにしてはならないと思う。

(『東北タイの子どもたちと村の暮らしをさぐる』——日タイ草の根教育交流二〇〇〇年報告書)

【注】この章「スカラベの世界」は、私たち——「日タイ草の根教育交流」という市民グループが、アグロフォレストリイ(森をいかした農業)をめざす東北タイの農民組織 Inpangと共催で毎夏おこなっている、子どもたちとのワークショップの記録の一部です。

虫のこと、食物のこと、精霊のこと、地下水や樹木のこと、男女の出会い方をめぐる習俗など、年毎にテーマを決めて、村の子どもたちと聞き取りや実地調査をおこない、その結果を劇や絵本にまとめていくのが、私たちのワークショップです。「知っていることをより深く知る」ことを企図した、村の子どもたちのこの「学び」に伴走することで——からきし無知なわれわれの物見高い質問に応答するかたちで、子どもたちの「学び」が発動していくのですが——、私たちは、子どもたちに劣らず多くを学んでいます。二〇〇〇年のワークショップでは、私は「くそ虫」のグループに属しました。今年は白アリでした。森の土を培っていく虫たちの生態に、動物音痴の私は目を見張る思いでした。その経験の一端を記したのが、以上の記録です。

自分の学びを創る——講座「学校と文化」

1 大学の窓から見た学びの風景

大学で教師になってから今年で三十四年になります。

ぼくの専攻は一応、「教育学」ということになっていて、ですから授業でも「教育」について語ることが多いのですが、しかしその場合、いつも教育を対象として捉えてしまっていて、自分がいましている授業そのもの、あるいは学生との関わりを「教育」実践としては捉えていないように思うのです。教育実践というと、通常、小学校や中学校でおこなわれている実践を取りあげて、あれこれ論ずることが多いのですが、どうもそれだけではまずいのではないか、と思うことが、とくに近年は多くなりました。

大学の教師には、大学を教育の現場としては考えたがらない傾向があります。今度、私たちの大学で学長に選ばれたかたも、選挙の所信表明で、大学は学校であってはならない、と述べておられました。学問の府としての緊張感がうすれて、大学は「学校」になってしまった、というのです。

大学教師には、教師であることよりも、研究者であることが自分の本領だと思っている人が多いようです。その点は教育学者も同様です。大学に席をおいているから教師の仕事もしているけれども、自分の本領はあくまでも教育の研究である、と思っているのです。

あまり「研究」といえるほどのことをしていないのですが、そんなぼくも、自分を教師であると考えたり、ましてて教師であろうと意図したりしたことはなかったように思います。「教育」熱心な教師にたいしては、なんとなく違和感がありました。教員のそれぞれが勝手なことをしていて、その結果として周りの学生がなにかのインパクトを得ることができれば、それでいいのではないか、と思っていました。いまでも、いくぶんかは、そう思っています。

しかし、そうもいっていられない状況がますます顕著になっていて、このところ、私たちも、否応なしに教師であることを強いられています。よかれあしかれ、大学は学校化して、それを特別視することはできなくなっています。

まずはっきりいえることは、研究と教育は直結しえないものになった、ということです。よい研究者がすなわちよい教師であるとはいえなくなりました。自分の研究にうち込みたいと思っている大学教師にとっては、大学という職場はひじょうに苦痛の多いものになっているのではないでしょうか。わが学長さんが憂えるように、大学の内実は、「学問の府」とはほど遠いものになっています。なんといっても大きいのは、学生の変質です。この数年の学生の変化は顕著なものがあります。

現象的には、それは授業の破綻というかたちで現れています。教室のまえのほうはいつもがら空きで、学生は後ろのほうに固まっています。授業中は私語がたえず、ときどき携帯電話のベルが鳴り響いたりします。

履修者と出席者との差はしばしば数倍になります。授業中の学生はほとんど死に体の状態で、毎回、机につっ伏せになっている者もいます。ゼミではだれもが押し黙っていて、発表者だけが「調べてきたこと」をものうげに報告しています。これがいまの大学の教室の風景です。

授業がつまらないからだ、といわれるかもしれません。しかしかならずしも、そうとは思えないのです。おなじ講義であっても、社会人学生の反応と、若い学生の反応では、まったく違ってくるのです。すぐれた学者の、ぼくだったらハマルな、と思うような講義でも、学生は白けた反応しか示さないことが多く、おそらく面白さを掬い取る網の目が破けてしまっているのではないかと思います。

もちろん、こういう状態はマナーの問題として処理することもできますし、「きびしい」教師は、一般にそうしています。昨今の大学の教師は、まずはそういう仕方で、「教師」であることを強いられている、ともいえましょう。

しかし、ぼくはもっと積極的な意味をこめて、大学の教師は「教師」になるべきではないだろうかと思いはじめています。

荒廃した教室の風景は、学生たちの学びにたいするシニシズムを映しだしています。このシニシズムをどう打ち破るかが問題でしょう。この挑戦に応えようとすれば、どんなに「教育」嫌いな大学教師も、教師であることを避けることはできなくなってきます。無反応な学生たちの表情に日夜接しながら、自分の「学問」的営為に絶大な確信をもちつづけることができるとしたら、それは精神の鈍さの証でしかないでしょう。研究者という座にあぐらをかいて学生たちと向かいあうことは、もはやできなくなった、ということです。これはかならずしも不幸なことではないはずです。幸と見るか不幸と見るかはとにかくとして、いまの大学は、小中高校とまったく同じ課題をかかえた教育実践の現場になったと、ぼくは実感しています。

中高の生徒がそうであるように、大学生たちも、知識というものは、自分とは関わりのない、しかし覚えたり、身につけたりしなければならない「モノ」だと感じています。知識によって、自分が開かれていく、という感覚をあまりもっていないのです。覚えればテストの点数がよくなるから覚えるわけですが、その知識自体は、自分にとっては「どうでもよいこと」でしかないのです。

大学生というのは、受験競争を切り抜けて大学にきている人たちですから、高校まではこういう「勉強」を受け入れて、それに耐えてきた人たちです。大学に入って一気にタガがゆるんだ結果、勉強なんぞはそっちのけになっていくのですが、もともとはまじめな優等生であった人たちが大半です。大学に来てからダラクしたと本人たちはいうのですが、そうなのでしょうか。かれらの不勉強は受験勉強の反動で、その後遺症だと、ぼくは思っています。内発的な動機なしに「勉強」してきた学生たちは、受験の圧力がなくなれば、当然、勉強を放棄します。勉強しなくなったことがダラクなのではなく、勉強してきたそのことがダラクなのです。その「勉強」の後遺症が最近は頓《とみ》に目立つようになりました。

だから、シニシズムを克服するためには、勉強にたいしてかれらが抱いている不信感を徹底的につきつめていくことが、まず必要だと思います。自分たちがこれまでやってきたのは、学びというよりは、強いられておこなってきた「勉強」なのであって、そうした勉強のたんなる延長ではない学びをどうつくりだしていくかを、自分の課題として設定することが必要なのです。

最近ぼくは、追手門学院大学社会学科の教師たちが共同執筆している『〈学び〉の人間学』（晃洋書房）という本をたいへん面白く読みました。この学科は強い個性をもつ教員たちの吹きだまりになっていて、それぞれハチャメチャな講義をしているようなのですが、吉田正さんというかたが一人の学生の卒業論文を引用しながら、一人の学生がそれらの教師たちの影響をインテグレートしつつ、自分の学びの扉を開いていく過程を追尋されています。彼女は「さあ、勉強するぞ」と意気込んで入学してくるのですが、はじめての講義で、こともあろうに教師は「もう勉強はするな」と放言するのです。

「今まできみらがしてきたのは模範解答を覚えるだけの、それがつまり勉強であって学びではない」と言う。「じゃあ、学ぶにはどうすればいいねん」と問えば「スクールの語源はスコレで、それはつまり〈ひまつぶし〉や。だから講義なんか出席せんでええ。外でやりたいことみつけてこい」と言う。「どういうことやねん」と戸惑っていると、「わしらの言うとることは疑ってかからなあかんで。そこが大事なんや」と言う。「わかるようなわからんような、いったいこの人らは何なんや」と思わされた時から、私の足元にあった〈砂山〉は、みるみる崩されていったのである。

勉強を強いる圧力から解放されているということは、何といっても、大学生の最大の特典だと思います。その結果として大学はレジャーランドとなり、教室には先ほど述べたような情景が広がっているのですが、そういう情景を「なくしてしまう」ためのすべての企てに、ぼくらははっきりとNonをいわなければなりません。なくしてしまったら、克服することはできないのです。

ぼくの本来の所属は教職課程なのですが、この十年間は、自分から希望して教養課程の授業を担当しています。大学に入ったはじめの二年間に「砂山を崩す」ことが決定的に重要だと思うからです。

いま担当している科目は三つあって、一つは「学びと文化」という半期の講座、後の半期は教養ゼミで、今年はブレヒトの「ガリレオの生涯」を読みました。もう一つの科目は「第三世界における開発と文化」で、これは同僚三人と共同でおこなっている一種のティーム・ティーチングです。

「学びと文化」は、自分たちの学びを問い直す場にしたいと思って設定した講座です。学びや勉強をめぐる自分たちの経験、大学生活やいま自分たちが座っているこの教室の風景を対象化して、そこから学びについて考えたいと思っているのです。好都合なことに荒れた教室の風景は、毎年、くりかえし再現されるので、それを学習材にして、学ぶことについて学ぶことを企図しているのです。

授業は学生たちが書いたメモやエッセイを素材にしてすすめています。今年の授業では「大学の単位認定を厳しくする」という大学審の答申が出たおりでもあったので、そのことに言及した学生の文章が多く、一回、それについて考える機会をもちました。ある学生は書いています。

「今のゆったりした大学制度というものは、勉強と知識をつめ込むことに忙しかった私にとって、自分というもの、自分の生き方やほんとうにやりたいことを考えるとてもいい機会になっている」と。

そういう実感をもっている学生たちは、大学審の答申を、「何一つわかっていないくせに……」という感じで受けとめているようです。これは大学審にたいする批判というよりも、大学のレジャーランド化を嘆きながら、学生にもっと「勉強」を強いることばかりを考えている大学教師への批判でもあるのでしょう。ゆるんだタガをもう一度締め上げようと、妙に力んでいる教育熱心な大学教師もじつは少なくないのです。大学の教員というのは、勉強亡者のなれの果てのような人間が多いので、おのずとそういうことになるのでしょう。大学審の答申はそういう教師たちの声をよく反映しています。

ぼくは、追手門の教師のように「勉強なんかせんでいい」といいきれる教師でありたいと思っています。大学生にとってまず必要なことは、惰性的におこなってきた「勉強」を断ち切ることです。

勉強というのは、自分にとって意味の感じられない知識や技能を、自分のなかに取り込んでいくことです。それは文字どおりの労苦であって、内発的な意欲を呼び起こすものではありません。生徒が勉強するのは、テストの点数のため、つまり結果にたいする報酬のためであって、学ぶことそれ自体が意欲の対象になっているわけではないのです。学生たちにとっては、学び＝勉強になってしまっています。それをひっくり返していかないと、いかなる学びも成立しないと思うのです。

学生たちは、教科書に書かれていることが知識だ、と思いこんでいます。自分の知識があるとすれば、それは教科書に書かれた知識の不完全なコピーにすぎないのであって、それをどれだけ教科書の知識と正確に重なりあうものにしていくかが、学習の課題であると考えています。それは今日の社会の支配的な学習観でもあります。そういう学習観にたって本を読みますから、読書は苦痛にはなっても、歓びにはなりません。

最近の大学生はおどろくほど本を読まないのですが、学校教育のなかで育てられた学習習慣が一つの要因になって、本嫌いになっているのではないでしょうか。自分で考えを組み立てたり、それを吟味することも苦手です。どこかに正答があると思って、その正答を言い当てることばかりを気にしているので、知識への接し方がどうしても受け身になってしまうのです。

知識というものは、属人的なものです。それは私の知識であったり、あなたの知識であって、つまり、私やあなたという固有の人格と結びついた知識なのであって、だれのものでもない、人間に超越した客体ではないのです。学習とは、そうした「自分の知識」をつくりだしていく営みです。モノやコトとの、そして本との交渉をとおして自分の世界を構築していく、すぐれて構成的な行為です。権威づけられた知識を外からとりこんで空洞の自我を満たしていく、そういう受け身の行為ではありえないはずなのです。

子どもたちをますます受動的にする方向で、学校は受験教育を強化しています。強いられて勉強してきたキャンパスの若者たちを見ていると、学習が自分自身の営みになっていない、ということを痛切に感じさせられます。

受け身の学習になじんでしまっているために、自分が学んでいる事柄の意味に関して、学生たちはひじょうに無関心になっています。意味にたいする感受性が鈍磨しているのです。逆説的にいうと、その結果として、「勉強」さえもが空洞化していきます。教科書を相対化するどころか、その教科書をまともに読むことすらできなくなっているのです。これはどうも学生だけのことではないようです。大学教師にしても、テキストの意味を汲み取る、いわゆる読解力の水準などはかなり惨憺たる状況にあるといってよいのではないでしょうか。外国書のあまりにも酷い翻訳を、それもしばしば読まされていると、そんな気がしてきます。意味をつきつめずに操作主義的に本を読んでいるために、信じられないような誤読を平気でしているのです。

学習にたいするシニシズムは、意味にたいする感受性の鈍磨と、表裏しています。ものごとを自分で意味づけずに、また意味と意味の葛藤の場に自分をさらさずに、求められた行為を効率的に遂行する、というのが官僚制社会の倫理ですが、それがもたらすのは行為にたいするシニシズムです。自分の行為のなかに自分がいないのです。

学びにたいするシニシズムをのりこえるためには、たんに「勉強」を否定的に異化するだけではなく、実際に自分で行動して学びをつくり出していくことが必要でしょう。

「学びと文化」のような授業は、かなり限定された役割しか果たしえないだろうと、ぼくは思っています。自分たちの姿、その「勉強」(と「不勉強」)を鏡に写しだして、疑問をもってそれを見つめることが、この授業の役割ですが、学びにたいするシニシズムをほんとうに克服するためにはたんに鏡に向きあうだけではなく、扉を開いて外に出ていくことが必要です。鏡の学習だけでなく、自分で窓を開いて外を見たり、扉の外に出て世界とかかわる、より行動的な学びが必要です。下羽友衛編の『学び方・ライフスタイルをみつける本』(太郎次郎社)は東京国際大学の下羽ゼミの記録ですが、そうした扉の学習の良質な実践を示したものといえましょう。市民運動や異文化の現場にとびこんで、そのなかで行動的に「自分の学び」をつくりだしていく学生たちの姿がたいへん爽やかです。それぞれの地域で環境問題に取り組んでいる人びとのたたかいや営みに直接にふれて、それとつながるかたちで、学生たちは自分の学びを深めていきます。

なかなか下羽さんたちのようにはいかないのですが、ぼくも「第三世界」の授業では、窓や扉の学習を追求しようと思っています。「学びと文化」が自分の学びを問い直す再帰的・求心的な学びであるとすれば、「第三世界における開発と文化」は外に向かって世界を開いていく遠心的な学びということになろうかと思います。そういえるほどの内実があるかどうかは疑問なのですが、抱負ということでいえば、ぼくはそう位置づけています。

「第三世界」の講座は、一般的な用語で呼べば「開発教育」の講座といえるかもしれません。自由な談論やスタディ・ツアー、共同作業などをとおして南の現実に触れる、というもので、はじめてから今年で十年になります。楠原彰、柿沼秀雄、永森誠一さんたちとの共同講座で、授業というよりは、複数の教員が学生といっしょにおしゃべりをするサークルのようなものです。

手応えは年ごとに違っていて、今年あたりは相当に難渋しているのですが、若い人たちの南北問題にたいする関心はがいして高く、この講座をバネにして自分なりの学びの履歴をつくりだしていった学生はかなり多いのではないかと思っています。

世界の食糧問題や環境問題、ジェンダーや子どもの問題にたいしてつよい関心を示すのは、大学生ばかりではないようです。おなじ傾向が、高校生や中学生にも見られます。マスメディアの影響もあるのでしょうが、もっと内発的な何かの直感がはたらいているのだろうと思います。底辺校とよばれている私立の女子高校で地理を教えているぼくの若い友人は、生徒たちと、半年間、世界の食糧問題を議論したのですが、お小遣いはすべてお化粧につかってしまう彼女たちが、のめり込むようにしてアジアやアフリカの飢餓や農業問題を調べ、本や新聞を読んでいく姿に驚嘆していました。驚いたのは教師である彼女ばかりではありません。だれよりも生徒たち自身が、そういう自分を発見して愕然としていたようです。身のまわり三尺の人事や風俗ばかりではなく、もっと大きく多様な世界と向かいあっている自分を発見して、彼女たちはそのことに驚いているのです。

学生たちが、そういう仕方で自分の世界を広げていくことができれば、この講座の目的は一応、達成されたといえるでしょう。教養講座の役割は扉を開くことです。その先はそれぞれの学生が、自分で選択し、探索していくべきことでしょう。

こうした学習には落とし穴もあって、ひとつ間違うと、せっかくの学びが、またまた世界についての「お勉強」に退化してしまうことも少なくありません。

一昨年は東南アジア、南アジア、アフリカ、中南米の各地の白地図を模造紙にかいて、その地図上の一地点にマークをつけて、そこで生起した出来事や物語を披露しあう、という方法で、授業をすすめてみました。地図はメルカトール図法ではなく、グード図法をもちいて経線・緯線を割りだし、精度の高いものをつくりました。一方、図書館にお願いして、この講座用の文庫を設けていただきました。この四地域にかんする本で、私たちがよんで面白いと思ったものを二〇〇点くらいリスト・アップして開架式のコーナーをつくっていただいたのです。ルポルタージュ・聞き書き・小説・フィールドノート・旅行記・研究書など、各地のくらしと文化を伝える多様なジャンルの本が用意されました。これらの本をとりあえずの手がかりにして、各自で出来事や物語を構成していくということを考えたのです。

学生たちはかなり興味を示して作業にも熱心に参加してくれたのですが、ただ、こういう仕方での地域へのアプローチは、お勉強的な情報収集になっていきやすいな、という印象をもっています。こうしたやり方もあながち捨てたものではないと思うのですが、世界に目を開くということは、たんに世界についての情報を集めることではないのですから、それらの知識を自分の問題とどう関わらせていくか、というところでの工夫というか、何か切り口のようなものが必要なのだろうと思います。その点で環境問題から国際政治を考えていく下羽ゼミの実験は興味深いものです。

だが下羽ゼミの最大の特徴は、なんといっても現場体験学習でしょう。たんに本で学ぶだけではなく、その場にいって、自分の目で見たり、人に触れたりして、そのなかで学んでいくわけです。ぼくらの講座でも、夏はタイとインドへのスタディ・ツアーを組んでいますが、これが学生たちの学びの最強のバネになっていきます。その土地土地で、自分たちの問題と格闘している人びとと出会うことで、新しい視界が開けていくようです。

図書館の本というのは、やはり本なのであって、この本を意味深く読んでいくためには、読者のなかに、そのための文脈ができていなければなりません。その土地を歩いたり、その土地の人びとと触れあったりすることで、つまり本の外部の文脈が豊かになることによって、本はより興味深いものになっていきます。と同時に、本を読むことによって、現実経験もさらに深められていきます。そういう本と現実経験、『〈学び〉の人間学』の著者たちの言葉をつかっていえば地図と現地、その両者を自在に往還することが、大学での学びでなければならないだろうと思います。

かなり積極的な意味をこめて、教師でありたいと思い始めている、とまえに言いましたが、その積極的な意味とは何ぞやということを述べてみたいと思います。

『〈学び〉の人間学』のなかで山本博史さんが面白いことをいっています。ぼくなりの解釈を交えていえば、こういうことです。

学ぶということは、私が学ぶということであって、だれかが私のかわりに学んでくれるわけではありません。あたりまえのことのようですが、これはじつは気の遠くなるような話でもあるわけです。山本さんはご自分と息子さんの関係を引き合いにだして、そのことを述べておられるのですが、同感される親御さんが多いのではないでしょうか。たとえば私は本好きで、本を読むことでずいぶんと心が満たされているのに、子どもは本が嫌いで、マンガしか読もうとしないとか、こんなに面白いことが世界には一杯あるのに、娘のやつは相変わらずお化粧のことにしか関心がないとか、そんなふうな「はがゆさ」を感じている親は、ぼく自身もふくめてずいぶんと多いのではないでしょうか。子どものほうにしてみると、それは親の押しつけがましさ以外の何ものでもないわけで、学校教師が勉強をおしつけるのも、親が自分の趣味をおしつけるのも、まったく同じことなのです。「私が学ぶ」は、どう押しつけようと、どうあがこうと、「彼」の学びにとって代わることはできないのであって、彼が学ばなければ、彼の学びははじまらないのです。要するに、彼の学びは彼自身からしかはじまらないのです。私だったら、という仮定は無意味なのです。親は、そこで一つの断念をするわけです。親は親、子は子で、子は親の思うようにはならぬ、ということを、しぶしぶながら納得するわけです。

この「断念」によって、子どもははじめて「他者」になります。他者は自分ではない、という自明の理を受けいれがたいのは、親も教師も同じです。「私の学び」と「彼の学び」を繋いでいくことが、広い意味での教師の仕事とされているだけに、自他の隔絶は教師にとっては痛覚をともなう一種の試練になっていきます。

じっさい、「彼が学ぶ」を置いてきぼりにして「私が学ぶ」を追求するわけにはいかないところが、教師の仕事の厄介なところです。「学ぶ」のは私なのですが、そして「私が学ぶ」ということを必須の条件として、彼の学びも成立するのですが、とはいえ、「私が学ぶ」からといって、「彼が学ぶ」とはかぎらないのであって、そこには深淵というか、「死の飛躍」によってしか渡り越えることのできない断絶があるわけです。「死の飛躍」というのは、マルクスが「資本論」のなかで使っている言葉で、生産された商品は市場で購買者を見いださないかぎり、自己の価値を実現できないわけで（つまり「生産」されたことにすらならないわけであって）、それをかれは「死の（決死の）飛躍」とよんでいるのです。同様に、他者が学ぶ――「彼が学ぶ」が成立しないかぎり、教師における「学ぶ」も真に成就したとはいえないのです。教師の「学ぶ」は、自分のなかだけでは完結しえないのです。それは他の主体の学びの過程に繰り込まれることによって、はじめて新しい生命を産出する、そういう性質の学びです。しかも「学ぶ」という行為を選択するのは、結局のところ、他者である学生なのです。
教師であるということは、否応なしに、そういう絶壁のまえに自分を置くということを意味しています。教師の仕事は、私の「知る」行為を、他者の「知る」行為を媒介にして発展させていく対話的な冒険です。成否の定かではない賭けなのですが、他者が他者として存在することが豊かな可能性として見えてくるのは、そうした不断の賭けと試練をとおしてなのでしょう。意思疎通を断念するところからしか真の対話ははじまらないのですが、だから対話を断念してはならないと思うのです。

（八王子・館町「ひと」の会　99・1・31、のち、『共同探究通信』第十四号に「学びと文化」の数編とあわせて掲載）

2 学びと文化——98年10月20日

——解説

「学びと文化」は、一九九七年からはじめた教養課程での主題講座の一つである。学期は半期で、学生は全学部の一、二年生。履修人員は九七年度は約一〇〇名、九八年度は二〇〇名あまりである。

九七年度は学習理論の講義とワークショップの組み合わせで授業をおこなったが、学生のノリは芳しくなく、翌年からは、履修者が書いたエッセイを教材にして、「学ぶ」という行為を考察する、というやりかたに切り替えた。エッセイの主題は、かならずしも「学ぶ」に限定はせず、思いつく任意の動詞について短い文章を書く、という形で、あらかじめ学生たちにレポートの提出を求めた。いろいろな動詞が出てきたが、それらを順次とりあげながら、「学ぶ」という行為のできるだけ具体的で多角的な考察をめざした。

初回にとりあげたレポートは、以下の二編である。レポートと、それにたいする私と学生のコメントは、いずれも印刷して講義時に学生に配布したものである。

「歩くこと」

先週の晴れた日、私はふと歩きたくなっていつも使っている駅の一つ先の駅まで歩いた。電車で二分、歩いても三十分程度の距離だったが、とても気持ちがよかった。健康のためか、夜歩いている人を良く見掛けるが、昼間歩いた方が気持ちいいのになと思った。季節ももう秋だし、夏と違って爽やかだった。久し振りに沢山歩いたせいもあるけれど、ちょっと汗をかいたこともあり、歩くことが健康にいい理由が分かった気がした。体にいいということもあるのだろうけれど、何よりも心にいいことに気がついた。いつもは、ぎゅうぎゅうの電車で苛々としている心が高い空を見上げて歩いていたら(歩いたのは田んぼの中です)ほっとした気持ちで一杯になった。予備校に通っている友人が、よく散歩しているのはこんな理由からなのかなと考え、そして断り続けていたお誘いを、こんどはお受けしようかなと思ったりした。

「走るよりも歩く方が、カロリーを消費します。但し少し汗をかく程度の速さで、姿勢を正して」こんな記事につられてウオーキングをしてみた事もあったが、長くは続かなかった。昼間は何だか恥ずかしいし、夜は、夜で味気ない気がした。何よりもやらなきゃいけないというプレッシャーが、かえってやる気を無くさせていたのだと思う。しかし、散歩ならば気負う事もないであろうし、疲れたら休めばいい。「疲れ始めたころが、一番カロリーを消費しているのです」なんて考えなくていいのだ。とても気軽にできる。やっぱり今度誘われたら喜んで行こうと思った。ウオーキングが体にいいように、散歩は心にいい運動なのだと思う。もちろん体を動かす以上、体にもいいのだとは思うが、それ以上にやはり気持ちにいいこと、それが一番だと思う。

ウオーキングにせよ散歩にせよ、健康にいいことは確かである。

何しろ家には何十年と歩き続けている祖父がいるのだ。もう米寿を迎えるというのにしっかりとした足取りで毎日元気に歩いている。そんな祖父を見ていると、本当に歩くことの大切さを感じる。自分が祖父くらいの年になった時、歩けないくらいヨボヨボになっていたら嫌なので、出来るだけ歩くようにしたい。そして、ゆとりのない苛々した心で日々を過ごすのも嫌なので、友人のように時には散歩もいいなと思うのである。

日本文学科一年　N・T

「遊ぶ」


「ファミコン」が登場したのは自分が小学校低学年の頃だったろうか。それまでの自分の遊びには、ある「モノ」に対してこちらからの積極的な働きかけが必要な遊びが多かった。それだけに、無意識のうちに身の回りの「モノ」に対して注意を払っていたはずだ。それは、自分と他者、自分と身の回りの「モノ」との間に、新たな、「飛躍的な関係」(藤田省三)を作り出す。「遊びを見つける」という感覚が強かったのも、そのせいかもしれない。

実家のすぐ側には、高校があった。幼稚園の頃から部活動を始める直前、小学校六年生の春休みまで、その高校は自分の何よりの遊び場だった。広いグランドでは野球もできたし凧上げもできた。冬になるとかまくらも作った。校舎のほうへ入り込めば、高校生が気軽に遊んでくれた。

しかし自分を含め近所の子供たちが一番好きだったのは「ごみ捨て場」だった。見たことのないいろんな物が捨てられていた。見ているだけでもわくわくした。そしてあるとき、ごみの一つから遊び道具を作った。

その当時、焼却炉の付近には竹刀がたくさん捨てられていた。そこに捨てられていた竹刀が、どれもしっかりと紐で結わえられ、まだまだ使える状態であったら、おそらく振り回して遊んだだけだろう。しかし、竹刀の何本かは使い古され、紐が切れてバラバラになりかけていた。それを見てぱっとひらめいたのだろう。竹をバラバラにして、両端に穴をあけ、そこへタコの紐を通して弓を作った。矢も竹刀の竹を使った。そして広いグランドで、誰の弓が一番遠くへ飛ぶかを競い合った。力のある者は力で勝負、技術力のある者は技術力で勝負。誰もが一番になれる可能性を持った遊びは、やはり誰にとっても面白い。

たまたま捨てられていた竹刀。おそらく大人にとっては「ぼろぼろになったごみ」という顔でも、子供にとっては遊べる道具になる可能性を持った「非常に魅力的な顔」をその竹刀は見せていたのだろう。といってもその竹刀が表情を変えるわけがない。子供が竹刀との間に、大人の想像を超えた関係を作り上げたのだ。

竹刀との間には、もしかしたらもっと他の関係を作り上げることが可能かもしれない。しかし自分との間だけに築いた関係に対して子供たちは自信と誇りを持つのであり、それが遊びのもう一つの「楽しみ」なのだと思う。

自分も気がつけば大学生になった。子供のころと変わらず、たまには友達と遊ぶ。しかし考えてみるといつも同じような遊びばかりしている。ボーリングであったり、ビリヤードであったり、はたまたゲームセンターであったりテレビゲームであったり。楽しいようでなんだかつまらない。そんな空しさが時々込み上げる。

法律学科三年　保坂　和秀

二――洞窟壁画から

洞窟壁画から

サン人の有名な壁画。「狩猟」

旧石器時代の狩猟　旧石器時代後期の洞窟壁画。（スペイン、カスティリオン洞穴）

右に掲げたのは、カラハリ砂漠のサン人の洞窟壁画である。ヨーロッパにおける旧石器時代の洞窟壁画としては、アルタミラ、ラスコーなどの洞窟壁画が有名だ。サン人の壁画も、その下のカスティリオンの洞窟壁画も、おなじように野牛狩りの場面を描いたもの。

この絵を見ながら、「人間と野牛の相異」について、考えてみよう。

人間と野牛。どこが基本的に違っているだろうか。

1
2
3
4

＊——授業のなかでこちらから明示することはしなかったが、私としては、こうした絵を描くことじたいが、人間を人間たらしめる最大の特質であることに気づいてほしかったのである。

三——書くことと描くこと

行為をあらわす動詞を主題にして、エッセイを書いた。

この作業は、サン人の洞窟壁画と本質的におなじものだ。サン人は、「狩る」という自分たちの行為を、壁画に描いた。君たちは、「歩く」「遊ぶ」「つくる」「学ぶ」「はたらく」などという一連の行為を、エッセイに書いた。

エッセイに書く、ということは、その行為を省察の対象にすえる、ということだ。書き手は、行為にたいして、ある距離を設定する。ある距離を置いて観察することによって、その行為の渦中にあっては見えてこなかった大事な事柄や意味に、あらたに気づかされるのだ。

狩りの絵を描くことは、サン人にとって、気まぐれな道楽ではなかった。かれらにとって、それはきわめて実用的な仕事であったに違いない。自らの行為を、視覚的な対象として描き出すことは、それをより意味深い、あるいはより有効なものにしていく重要な手がかりであった。かれらは、壁画を描くことによって、壁画のなかの自分たちの行為を解釈し、あるいは批判する主体としての自分たちをつくりだしていった。描くことと書くこと。両者はけっして別なことではない。

行為するだけでなく、その行為を省察することができる、というのが人間の特質だが、しかしそこには落とし穴が伴っていて、省察はつねに行為から分離され特権化されていく傾向をもっている。「行為する」ことと「見る」ことの分離。この分離自体は、人間だけがもつ卓越した可能性なのだが、その分離が固定化し、相互に隔絶したものになると、省察は行為を照らし出す力を失い、他方で行為は盲動に退化していく。行為し省察すること、省察し行為すること、この両者のあいだを不断に「行き来する」ということが決定的に重要なのだ。

サンの狩人たちは、絵のなかの登場人物でありながら、同時にその観衆であった。絵のなかと外を行き来しながら、あるときは行為者としての自分になり、あるときは見る人としての自分になって、行為と省察を培っていったのだ。その壁画は、行為の、そして表現の、内と外を自由に出入りする人間の精神の運動を示している。

ある経験を表現するということは、その経験を生き直すということだろう。歩くことについて書く人は、書くことによって、歩くことをもう一度経験し直しているのである。表現するということは、その意味でいえば、一種の反芻であり、再現である。

しかし、それは行為のたんなる反復ではない。行為を思い返し、イメージのなかで反芻することをとおして、書き手は、かつての行為をこえる新たな次元をきり開いているのである。より自由な行為に向かって開かれた自分を獲得しているといってもよい。エッセイということばは、もともとはフランス語で「試み」を意味することばであるが、行為を書くということは、自分たちの行為を考察することによって、その行為にかんしてより大きな自由度を獲得していく、そのための試みであるべきだろう。

今回は「歩く」「遊ぶ」について、各一つの文章をコピーした。君たちの感想やコメントをききたいが、とりあえず、ぼくの感想を書く。

N・T「歩くこと」について

電車に乗ってしまえば二分でいけてしまう距離を三十分かけて歩く、というのは、早く着くことよりも、その途中の行為に、なにかの意味を見いだすからだろう。

ぼくも最寄りの駅までの十三分をいつも歩いているが、なにしろ決まった道なので、惰性で歩いてしまうことが多い。先日、散歩のつもりで同じ道を歩いたら、大きく育ったキャベツが兵隊さんのように整列している畑だとか、崖の上の生け垣から下を覗き見しているバラや天竺アオイの花だとか、ふだん注意して見ていないものがいっぱい目について面白かった。

秋の田圃も、きっと面白いものがたくさん見られるのではないかと思う。

「歩く」という表題で文章を書くと、歩くという行為そのもののほうに注意が向いてしまう。歩くことが体にいいだけでなく、心にもいいことは確かだ。しかし散歩で得られる何よりも大きな宝物は、外の風景や事物との出会いではないだろうか。

作者は「ウオーキング」にたいする違和感を表明しているけれども、文章自体は散歩というよりも、健康法としての「歩くことの効用」のほうにアクセントがかかってしまっている、という印象をうける。

ヨーロッパの古い都市や宮殿は、一種の記憶装置であって、その内部を散歩する者が広場や回廊の一角一角、彫像やモニュメントを通過するたびに、その場所に結びついたある記憶を呼び覚まされるように構成されていたのだそうだ。街を歩くことは、一つらなりの歴史を想起することであり、ある物語を展開することに等しかった。街は一冊の書物であったのだ。

文字に依拠する度合いの相対的に小さい社会では、事物や風景は、あたかも一冊の書物のように「読まれる」ことが多かった。物それじしんが、人間に多くの意味を語りかけたのである。歩くこと、移動することは、足で、体で「読む」ことであった。乗り物での移動と異なって、歩くのは自分が歩くのであって、その一歩一歩の歩みにともなって、世界が展開していく。ふだんはあまり足を踏み入れない未知の空間への旅であったりすれば、その歩みは、さだめし戦慄的な冒険になったことだろう。

保坂和秀「遊ぶ」について

二十五年以上まえのことだが、そのころ住んでいたアパートの隣に社宅があって、その中庭の芝生に三、四脚のベンチが置かれていた。毎日のように午後になると、子どもたちがそこに集まってくる。移動式のベンチが、遊びに応じて融通無碍に機能を変えていくのを眺めるのは楽しかった。ベンチはあるときは舞台になり、あるときは自動車になり、あるときは陣地になった。ぼく自身、考えること(いいかえれば、考えをつくること)について考えることの多い時季であったこともあって、ぼくは、かれらの遊びが何とも気になってならなかった。

そのころの子どもから見ると保坂くんは一世代後の子どもということになるのだろうが、似たような遊びのスタイルはその時代もまだ生き続けていたことを、この文章は示している。いまもそれが残っていないわけではないのだろうが、だんだん少なくなってきていることも確かだろう。

タイの村に滞在したときのことだが、町に出たついでに、子どもにビスケットを買ってかえった。ビスケットの中味は即座に消えてなくなったのだが、つぎのお楽しみは、空き箱であった。子どもたちは、それを伝声管にしたり、望遠鏡にしたり、最後は仮面にして踊ったりして、かれこれ三、四十分は遊んでいたと思う。手もとにあるものを徹底的に使いこなして遊びをつくりだしていくことにかけては、村の子どもは天才的である。

アパートの窓から子どもの遊びを眺めていたころ、ぼくがもっとも愛読していた本の一冊は、レヴィ・ストロースの『野生の思考』であった。その巻頭で、かれは神話的思考の特質を論じて、器用仕事bricolageという概念を提起している。引用しよう。

「bricolerという動詞は、古くは、球技、玉つき、狩猟、馬術に用いられ、ボールがはねかえるとか、犬が迷うとか、馬が障害物をさけて直線からそれるというように、いずれも非本来的な偶発運動を指した。今日でもやはり、ブリコルールbricoleur（器用人）とは、くろうととはちがって、ありあわせの道具材料を用いて自分の手でものを作る人のことをいう。ところで、神話的思考の本性は、雑多な要素からなり、かつたくさんあるとはいってもやはり限度のある材料を用いて自分の考えを表現することである。何をする場合であっても、神話的思考はこの材料を使わなければならない。手もとには他に何もないのだから。したがって神話的思考とは一種の知的な器用仕事である」

ありあわせの材料で、一つの世界をつくっていく、という意味で、神話的思考は、器用仕事と、そしてまた子どもの遊びとも大きく重なりあっている。雑多な、エンジニアから見ればおそらく廃材ともいえる材料と、間に合わせの器具を巧みに用いて、しばしばみごとな出来栄えの製作物にしあげてしまう器用人の仕事の仕方は、近代科学にもとづくエンジニアの仕事の仕方とは、なにかにつけて対照的だ。はじめに設計図をつくり、その設計にあった資材を調達するというのが、近代のエンジニアのやり方だろう。設計の仕様にあった道具と資材が入手できなければ、かれの仕事はお手上げだ。一方、器用人のほうは、もちあわせの道具と材料だけで仕事をはじめるほかはない。何をどうつくるかは、素材との相談で決まってくる。同様に神話的思考も、ありあわせの、雑多な経験的素材と対話し、そこから、かれの思考を組み立てていく。思考の構築の仕方は異なっているが、思考を構築するという点では、科学的思考も神話的思考も同じだ。レヴィ・ストロースによれば、両者は、思考の二つの発達段階などではなく、思考の平行する二つの様式なのだ。

保坂君のエッセイを読んで、ぼくが思い起こしたのは以上のようなことだ。焼却場の竹刀の話はとりわけ興味深かった。「紐が切れて竹がバラバラになりかけていた」という叙述、「それを見てぱっとひらめいたのだろう」という省察は書くことによって得た見つけものだろう。ビリヤードやゲームセンターについて「楽しいようでなんだかつまらない」と書いているが、「楽しいようで」のその「楽しさ」は何で、「つまらなさ」はどんなつまらなさなのか、そんなことも、ことばで「書く」作業を通してつきとめていくことも可能だろう。

3 動詞「学ぶ」について
――「学びと文化」98年10月27日

一――三編のエッセイを手がかりにして

とりあえず、三編のエッセイを手がかりにして、この行為について考えよう。


「幸せでしょ?」

一緒にバイトに入っていた中国人の王さんがいった。王さんは日本の大学を受験するために「日中友好会館」の宿舎で暮らしている。

なんでも王さんは中国でもお金持ちらしい。日本などに留学に来れる中国人は大抵そうなのだという。

「中国人の農村家庭の年収はどれくらいだと思いますか?」

王さんに尋ねられて私は考えた。そんなことを聞くくらいだから日本に比べて相当低いのだろうと思って、

「一万円くらいですか」

と答えた。そう言いつつも、まさかそんなに安くはないだろうと思っていた。少し冗談のつもりだったのだ。しかし王さんから帰ってきた言葉は私の予想に反していた。

「五千円くらいです」

「え!?」

「しかも学費はそのうち五百円くらいです」

私は日本とのあまりの違いに衝撃を受けた。私にとっての五百円とは、昼食代になったり、お菓子代になったり、その程度のものなのだ。それに年収五千円のうちの五百円といったらかなりの額だ。十分の一が子どもの学費になってしまうのだ。

そのことを王さんに言ったら、「そうです。だから勉強したくてもそういう家の子どもは学校にいけません」と返ってきた。日本では学校に行くことがもはやあたり前で、勉強以外でも学びたいと思えば大抵学ぶことができる。私は日本人は幸せだと思った。それなのに日本人は学校を否定し、学ぶことから逃げる子供が増えてきているように思われる。「学びたい」ではなく、「学ばされている」といった感覚なのだろう。

王さんが言ったように、私たちは幸せなのだ。裕福な生活に慣れてしまっている日本人にとっては、「どこが?」という感じであろうが、こういう、「学ぶ」意欲があっても出来ない人達にとっては、少なくとも幸せに見えるのだ。

神道学科1　H・M

よいエッセイだな、と思いながら、読んだ。こんなふうにして、バイト先での同世代の外国人労働者との

出会いから多くを「学んで」いる人たちが、君たちのなかにはきっと少なくないのだろうと思う。

さて、本題の「学ぶ」だが、読んでいて二つの疑問をもった。

第一は、日本の子どもはほんとうに「幸せ」なんだろうか、ということ。学校の勉強を「幸せ」と感じている日本の子どもはたぶんあまりいないのではないかと思うが、学びたくても学べない貧しい国の子どもの目から見れば、それが「幸せ」に見えてしまうという逆説。

第二は、中国でも、「市場経済」化の進行にともなって、それはそれなりに就学率や進学率は高まっているのではないだろうか、ということ。すこし皮肉な言い方をすると、学校に行かないと食いっぱぐれるぞ、という脅威があるから、「学びたい」という欲求が高くなってくるのではないか、ということだ。ケナゲな中国の子どもと、タルンダ日本の子どもという対比では、ほんとうの問題は見えてこない。「学ぶ意欲」と「学びからの逃走」は、一見、対極的だが、その根は意外に同一なのではないか。学校にいけないことの不幸は、学校にいくことを強いられる学歴社会の不幸と、大もとで結びついている。

このことをもっと踏み込んで考えていくためには、私たちは、「学ぶ意欲」というものを、もうすこし精密に吟味していく必要がありそうだ。学習意欲というが、その「意欲」の対象は「学習」なのか、それとも「学習」の対価としてえられる何か(成績評価とか、学歴とか、とどのつまりはカネとか地位とか)なのか。

柳田国男の『昔の国語教育』によれば、学ぶという日本語は、まねぶ、真似ぶからきているといわれています。学ぶということは、自分にはまだ備わっていないけれど学べば自分のものにできる力をまねをしながら身に付けていくことです。

ですが、現在「学ぶ」という語からのイメージはどうでしょう。それは、「勉強」という言葉の内容になっていると思います。勉強とは強いられて勉めることであり、外からの力によって、自分のものにする力を身につけているのです。このことは本来あるべき人間の内部に備わっている知的好奇心からくるものではありません。

学ぶということのありかたの再認識がいま必要とされているのではないでしょうか。先にも述べましたが、学びに向かわせる原動力は、知的好奇心という形で人間の内部に備わっている力です。その中には自分の力を試し、大きく発達したいという気持ちがふくまれています。達成するには新しい力がつくという予感と期待があり、新しい能力の獲得は、人間によろこびをもたらします。はじめて自転車にのったり、泳げたりするようになったときのことを頭にうかべれば、それは一目瞭然でしょう。学んでも新しい力が身につかないような学びは、よろこびをともなわない学びであり、すぐに強いられてするイヤイヤながらの学びに転化してしまいます。現在このような悪い転化した形にあって、本来の形にはないので、原点にもどり、内からの力によって新しい力を獲得していく形の教育が必要であると思います。

史学科2　O・S

核心をついたエッセイだ。

内発的動機づけ、という言葉がある。このエッセイが提起しているのは、一言でいえば、内発的動機づけの問題だと思う。内発的動機づけというのは、他人から強制されたり、罰や報酬を与えられたりすることによってではなく、それをすること自体のよろこびのために何かをおこなうということである。そのよろこびのなかには、O・Sくんがいうように、自分が向上した、何かができるようになったというよろこびも含まれている。また、なにか社会的に意味のあること、自分がそれをすることで他人によろこばれることをしたという満足感も、含まれているだろう。フレネ教育でいうイニシアティブは、そうしたものだ。

現代社会、とりわけ日本の現代社会は、この内発的な動機づけをまったく欠落させたまま、人びとを行為に向けてかりたててきた。行為は、もっぱら外発的な動機づけにもとづいておこなわれている。労働者が労働するのも、君たちが学習するのも、すべては報酬のため(あるいは強制のため)であって、その行為自体のよろこびのためではない。よろこびは、行為に内属するものにはなっていないのである。

「勉強」という言葉は、たしかに、外発的な動機づけにもとづく学習のありかたをよく表している。学習は、それ自体は無味乾燥なもので、だからアメとムチが必要だ、ということになる。子どもたちが「学習」の結果として得るのは、無意味で非創造的な作業に耐えるための忍耐力であり、与えられた仕事を唯々諾々とこなす勤勉さであり、強制する力に順応する従順さである。日本の社会と学校は、もっぱらそれだけを追求してきたといっても過言ではない。その点にかんするかぎり、日本の教育は目覚しいまでに効率的であった。

この目覚しい成果にもかかわらず、というよりも、その成果のゆえにというべきだろうが、日本の支配層は、この国の人的資源の未来に深刻な危機感を抱いているように見える。ペーパーテストのレベルで示される高い「学力水準」は、自己学習能力や創造性、さらには思考力の徹底的な破壊と表裏していた。内発的な動機を欠いた学習は、創造的な知性を育てるものではない。「勉強」にかりたてられた子どもたちは、「勉強」すればするほど、「勉強」ぎらいになり、さらには知的好奇心をも失っていく。その末路を示しているのが、レジャーランドと化した大学の、つまりはこの教室の風景ではないだろうか。

フレネ学校のビデオについての君たちの感想を読んで愕然としたのだが、子どものイニシアティブを重視するフレネのような教育実践は、君たちの多くにとって、ひじょうに理解しにくい、受け入れがたいものになっているようだ。もちろんフレネ教育についての批判はあってよい。だが君たちの場合は、フレネ教育を批判しているのではなくて、それを拒絶しているのだと思う。フレネ教育は、自分の体質には合わない「異物」なのだ。批判とは、人間の自由をめざす営みである。ものごとを吟味・検討し、固定観念から自分を解き放っていく営為である。だとすれば君たちがまず批判しなければならぬのは、フレネ教育ではなくて、フレネ教育を異物として拒否する自分の側の体質なのではないだろうか。拒絶反応の立脚点となっている君自身の教育観や学習観を、つまり君のあたまを縛っている固定観念を、もう一度根本から問い直していくことが必要なのではないかと思う。もっぱら強制と外的な動機づけにもとづいておこなわれてきた自らの学習を、相対化し、学習のより多様な可能性を探ること。そのための場としてこの講座を活用して欲しいのだ。

「よく遊び、よく学び、よく生きる」

私の通っていた小学校の校訓である。今よく考えてみると、私のなかの位置づけは、学ぶ＝勉強する、であった。当然、この校訓も「よく勉強する」という意味でとっていたが、ふいに違和感を感じた。

現代社会においてもまた、学ぶは、＝勉強する、になっていると思う。

義務教育機関において「学ぶ」（勉強する）は、しばしば強制的な意味をともなう。嫌いな科目、興味のないこと、苦手なもの、そんなものも学ばなければならない。これは私の実体験にもとづく感想である。数学が苦手な私にとって、それを学ぶことは苦痛をともなう（しかも学んでもできない）行為だった。こんなときは、詮なきことと分かっていても、声を大にしていいたくなる。実生活において二次関数が必要になるのか？　ルートの計算が何の役に立つのだ！　と。

こういう行為がしっくりくるのは「学ぶ」ではなく、「勉強」なのだ。何故か？　「勉強」というのは、おそらく「つよく勉める」だと思う。しかし感覚的なもので言わせていただくならば、「強いられて勉める」なのだ。「学ぶ」は違う。「勉強する」よりも、「学ぶ」のほうが広義的である。アイデンティティや価値観、人生、人としてのあり方、……人間というものについては、これはすべて「学ぶ」のである。

ふいにわだかまりが解けたような気がした。

なるほど、あの校訓の意味するところは、つまり「よく生きる」ために「よく学ぶ」のだ。よく勉強する、よく勉強せよ、という意味ではなかったのだ。

生きるために、よりよくあるために、私は学ぶのだ。

日文1　N・Y

学ぶということは、生きるということ、つまり自分のアイデンティティと深くかかわっている、という論旨である。筆者がいうように、自分がどう生きるか、この世界にどう向きあうかということと、学びは、不可分にかかわっている。一般に「勉強」的な学習は、そういうものにはなっていない。

これについてはあらためてゆっくり考えたいが、私たちが「勉強」によって身につけるのは、自分のアイデンティティとは関わりのない「モノ」としての知識である。知識は知識、私は私で、私はただ、その知識をポケットに詰めているだけなのだ。ポケットに入れるというよりも背中に背負っている、というべきだろうか。要するに知識は、自分の心身にけっして同化することのない「お荷物」なのだ。もっていれば、いつか役に立つかもしれない小道具といったところか。

残念ながら、数学にたいするN・Yさんの見方は、おなじ勉強的思考の轍にはまってしまっているようだ。数学を「学び」の対象としてではなく、あくまでも「勉強」という観点で見てしまっているのだ。だから「数学なんて、何の役に立つのか！」という議論になってしまう。

数学のなんたるかを問題にしない技術主義的でしかも強制的な数学教育は、莫大な時間とエネルギーを費やして、その結果として、たくさんの数学嫌いをつくりだしている。数学だけではないだろう。英語教育にも、また芸術教育にも、おなじ傾向が見られるように思う。誤った教育によって、子どもたちは自分は数学が、英語が、音楽が、苦手だと思い込まされているのである。子どもの好き嫌いをかれの個性のように思い込むのは、早とちりというものだ。それを絶対視して、「好きなもの」だけを受け入れていると、自分の世界は広がらない。強制教育に反発するのはよいのだけれども、それにたいする嫌悪自体が強制教育の所産であることを見落として、植えつけられた嫌悪感にたてこもっていると、悪しき教育の後遺症を後生大事に自分のなかに温存することになってしまうだろう。

私たちが数学をとおして学ぶのは、たんなる技術ではなくて、ある世界の見方である。何に関心をもつかということは、その人の世界にたいする向きあい方、つまりかれの生き方と密接している。物体の運動や変化をただ漠然と眺めているかぎり、数学が役に立たないのは当然だが、詮索好きな目で「なぜ」や「いかに」を問いはじめたら、事情は大いに違ってくるだろう。私じしんも数学を修得できなかった者のひとりであり、それで日常生活に不自由を感じているわけではないが、さりとて、これでいいのだとは思っていない。数学を学びそこねたことは、意外に大きな損失であるかもしれないのである。

二――「学びと文化」98年11月10日

前回もらった感想から議論を起こしたい。

H・MさんとN・Yさんのエッセイに関して

（1）　日本人は「幸せ」なんだから勉強しなさい、ということを読んで、昔、祖母から、食べ物を残すとかならず「戦争中は何もなかったんだから、今は幸せなのよ」と言われ、いやいや食べさせられていたことをふと思い出しました。たしかにそういうことはわかっているのですが、私が食べても、戦争中のまずしい子どものお腹が満たされるわけではないのです。のこした食べ物はますますおいしくないと感じました。嫌いなものをおいしいと感じるにはどうしたらよいか。小さな子どもはピーマンが嫌いだと言いますが、自分で畑で実際に栽培したり、たんに畑でもぎとらせるだけでピーマンを残すことはないといいます。自分から行動するということはそれほど重要なのだと思います。教育も、受動的なものから能動的なものへと変えていくことが大切だと思います。

「数学なんて、何の役に立つのか！」と私も考えたことがある一人なので、彼女の気持ちはよくわかるのですが、しかし国語が好きな私は「何の役に立つのか！」といわれたら、それはそれで困ってしまいます。そこで考えるのですが、「なぜ役に立たなければいけないのか！」と。

日文2　F・H

（2）日本では義務教育の制度があり、こどもは小学校、中学校と教育を受けることができます。しかし世界には、学校に行きたくても、生活が苦しいので働かなくてはならず、学びたくても学べない子どもがたくさんいます。鉱山などで大人と同じく苛酷な労働をしている子どもたちをビデオで見ました。かれらは学校へ行きたいといっています。しかし親である大人たちは、生きるためには働かなくてはいけないといって、かれらに労働をさせていました。たしかに生きるためには労働をし、生活して行くことも大切ですが、子どもが学校に行けるようにしてあげてもいいと思います。このような子どもたちが大勢いることを考えると、私たちは幸せだということに気づきます。「学校に行きたくない」と否定する日本の子どもたちも、これを直視することになれば、きっと幸せであることに気づくと思います。学校で教育を受けることが当たり前のように思っていましたが、したくてもできないという人のことを考えると、学べるのだから学ぼうという気持ちになります。「学ぶ」の中には「勉強する」も含まれています。勉強できることに感謝すべきだと思います。

経済ネットワーキング学科　飯田　真理

（3）幸せか不幸かを相対的な比較だけから見ると、ほんとうのところが分からなくなるのではないか。「だれだれに申し訳ないから幸せ」というのはちがうと思う。学べる状況を幸せと思う人はそれでいいし、嫌だと思う人はそう思う要素が環境のなかにあるのだから、他人が「贅沢だ」ということはできないはずだ。教育のもたらすプラス面を全面的に押し出して、教育者はときに傲慢にその必要性を主張し、「被教育者は幸せである」という。何だか大ざっぱすぎると思う。

日文　小嶋　依子

1対2という、対照的な意見が出た。

F・Hさんの文章に共感する人は、かなり多いのではないだろうか。おばあさんの小言は、孫たちにしてみればウンザリものだろう。いくら「幸せなのよ」といわれても、いやいや食べる食べ物がおいしくなるわけではない。それでも往年の飢えを知っている祖母は、いい気な孫たちの「贅沢」を、諫めずにはいられないのかもしれない。

農水省の食糧需給表によると、国民一人当たりの供給熱量は二六〇〇カロリーだそうである。(これは供給サイドの数字。)しかし厚生省の国民栄養調査によると、一人当たり二〇〇〇カロリーである。その差六〇〇カロリーは輸送、加工、販売、調理室などで捨てられたもの、である。実際には、二〇〇〇カロリーのなかからも、膨大な食べ残しが生ゴミとなって捨てられている(大野和興「自給ということから考える日本の農業問題」『技術と人間』九八年六月号)。

レストランに行くと、啞然とするような食べのこし風景に接することが少なくない。毎度のことで気にならなくなってしまうのだが、たまさか、南からの来客と連れ立って食事をしたりすると、あらためて考えさせられてしまう。かれらの眼に、この光景がいかに異様で腹立たしいものに映るかは容易に想像できる。自分がそうではないとしても、三度の食事をしていない同僚や隣人が、かれらの周辺には少なくないからだ。

この夏、行動をともにしたブラジルの友人も、できるだけ食べのこしをしないようにそれとなく気を配っていて、もともと食い道楽の人であるだけに、その心配りがぼくにとっては印象的だった。

F・Hさんのおばあさんの小言や、王さんの言葉は、飽食の、そして「飽学」の世代の子どもたちには、説得力をもたないかもしれない。しかしその言葉の向こうにあるリアリティを看過してはならない。地球上の多数派にとって、飢えは依然として現実なのだから。

それでもなお、小嶋さんの指摘に共感したくなるのはなぜだろう。「贅沢だ」「幸せと思え」という声には、たいていの場合、何かしら押しつけがましいところがあって、その押しつけがましさは、おそらく観念的であることから来ているのだと思う。断罪することに急で、それそのもの、その状態そのものをよく見ていないのである。小嶋さんは、それを「何だか大ざっぱすぎる」と表現している。

食べ物と人間の関係、そして学びと人間の関係も、そうだと思う。飢えていれば何でも美味しくなるのかもしれないが、子どもは実際に飢えているわけではない。だとすれば、その飢えていない状態にそくして、どうするかを考えていくほかないわけだ。

F・Hさんはピーマン嫌いの子どもが、ピーマンを栽培することで、——無理ならせめて畑でそれをもぎ取るだけで、ピーマンを残さなくなるというたとえをあげて、「自分から行動するということはそれほど重要なのだと思います」といっている。次回に倉住薫さんの「つくる」というエッセイを素材にして、このことをもう少し考えたいと思っている。

すでにあるものを「消費する」だけでは、ものとのほんとうの関係は生まれてこないということだろう。

教育を受けることができる、というだけでは、かならずしも幸福とはいえない、その教育の質こそが問われるべきだ、と先回の末尾に書いた。パンと称して石を与えても、飢えは満たされない。これらのエッセイを手がかりにして、そうしたことをさらに踏み込んで考えていきたいと思う。

O・Sくんのエッセイに関して

(1) 現代社会における「内発的動機づけ」の欠落を深く考えさせられた。私たちが受けてきた教育も強いられてやってきたもので、自分から「したり」「やったりした」という教育ではなかったと思う。最初は内発的な動機があったとしても、日本の教育はけっきょくは外発的な動機づけにもとづいておこなわれていたことに気づいた。

高校や大学の受験であっても、毎日の宿題であっても、きびしい部活の練習であっても、「しなければならない」ということが頭の中を回っていたような気がする。私にとっての勉強はエッセイにもあったように「強いられて勉めること」であったようです。

もし本当の内発的な動機にもとづいた勉強であったならば、その勉強の中でいろいろな喜びをえられたのではないか。せっかく大学に入って時間があるのだから、自分が向上し喜びをえられるような勉強を見つけたいと思う。

経済学科2　小川　陽子

(2) 最近、感じることは自らの意志をもって学ぶことの重大さである。

演習授業のために国会図書館に行ったのだが、行くまでは面倒くさく、単位のためしようがないという気持ちであった。

図書館内は一種独特な感じで、訪れている人々の「学ぼう」という気が見てとれた。その気にあてられたのか、私も資料を見ているのが楽しくてしようがなかった。実際しらべるのに熱中するあまり、閉館時間になってしまい本の転写ができなかったぐらいだ。

その時しらべた内容は今でもおぼえている。楽しみがあること。それが「学ぶ」にとって最も重要なのではないだろうか。

日文2　H・K

(3)「学ぶ」ということについてのエッセイや先生のコメントを聞いてみて、自分は大して、いや何も学んでいなかったのだ、と思う。教育というものが「勉強」という形でつきつけられてきたからか？　それとも、自分に学ぼうとする意志がなかったからなのか？　学ぼうとする意志すら、「勉強する」という体制におさえつけられて、もつことができなくなっていたのではないか……と、いろいろ思うが、今さら楽しく学ぶ、といわれても難しい、というのが、大半の人の本音だと思う。

いま、ぼくには夢がある。それも明確なものが。小さい頃からずっと思い描いてきたもので、少しずつではあるものの、ゆっくりと前にすすんでいる。でもその夢は、正直にいって、大学で学ぶこととまったく関係なく、そもそも学歴を必要としない。ただその夢を現実のものにするには、それだけ取り組んでも、叶うかどうかわからないといったようなものなのだ。それを追いかける時間も、あと二、三年くらいしかない。

「じゃ、なんで大学にいるのか？」

自分でもそう思うが、先生のコメントにある「とどのつまりはカネか地位」なのです。学ぶということを勉強という形で受けとめてきたぼくは、社会にでたときのスタートライン、くらいの感覚で、大学をうけとってしまっている。それで今ここにいるわけだ。

ただ、いまぼくはそれについてすごく悩んでもいて、自分がどのような道を選択すべきか、自分自身、手探りでさがしている。

学ぶということ、それは、自分の人生を「どう生きるか」ということと、大きくつながっているはずのものだ。

何だかよく分からなくなってきたので、やめます。

経済2　Y・M

(4)　小、中、高と、「高得点」「成績評価」「体裁」「志望校合格」など、勉強したことに対する報酬はそれなりにあったが、勉強それ自体から得られたものは何か？　と問われても明確に答えられない。
神1　竹本　雅樹

Y・Mくんのコメントは、自分のなかのゆれを、率直にのべてくれている。

かれには「夢」がある。しかしその夢は、大学で学ぶようなこととは、まったく関係がない。

そこでかれは自問する。なんで大学にいるの？　と。「世間並み」の通行証を得るためでしかないいんじゃないの、と。かれのゆれは、おそらくかれ固有のものではないだろうと思う。「勉強」中という名目のもとで、とにかく大学に在籍していれば、モラトリアムにはなるが、そのぶん、自分の目標は定かでなくなっていく。

夢を追うためには、モラトリアムの時間が必要で、大学生活はその必要を満たしてくれるけれども、無目的な学校生活を送っていると、追っていたはずの夢さえも風化してしまう。それで「すごく悩んでいる」、ということだろうと思う。

やや踏み込んで言えば、学校的な勉強への不信や倦怠と、その外部ではぐくまれたはずの「夢」とはどこかで共依存の関係になってしまっていて、その関係をそのまま引きずっていくと、自分の意力・体力自体が落ちていって、夢は文字どおり夢想になってしまう。筆者はそのことを感じていて、それで焦っているのではないだろうか。

学校生活がたとえモラトリアムであったとしても、その時間がそれなりに手応えのあるものであれば、迷いは生じない。自分の世界が広がっていく、そして自分が成長した、という感覚をもつことができれば、それが直接的に「夢」につながらぬとしても、そのことはあまり問題にはならないのではないか。時間というのは、カッコにくるんで凍結できるようなものではないようだ。いまという時間のなかからしか、つぎの時間はうまれてこないのだから。

H・Kくんの文章を読んで、卒然と記憶が蘇った。中学校の一年生のときに、はじめて学校の図書室に入って、何よりもそこの雰囲気に魅了されたことがきっかけになって、ぼくは本格的に本の世界にのめり込んでいったような気がする。ミッション系の中高一貫校だったから、図書室で読書にふけっている高校生は、ぼくには何まわりも大きなお兄さん・お姉さんに見えた。

他人が真剣に何かに打ち込んでいる、そういう雰囲気に接することが、人間の学びの意外に重要な契機になっているようだ。それを、文化といいかえてもよい。「学びと文化」は、この授業のタイトルでもあるが。「大学のレジャーランド化」にふれた感想が多かった。前日に大学審の答申が出たことも影響しているだろう。

大学での学びをめぐって

（1）a．本日の新聞に載った大学審の答申。
b．ドラスティックに教育を変えようとしている。
c．従順 → 創造性

aとb、cは、矛盾している。b、cのように思っているのに、どうして、大学を出るのが簡単すぎる、もっと勉強するように厳しくしろ、というのか。

評定だけ厳しくする＝学んだことを九〇％以上、覚える。これがb、cに適したやりかたなのか。逆だろう。暇＝遊んでいる＝悪。忙＝厳＝勉強＝善。これがおかしい。

遊んでいたって学ぶことはある。何かというと「昔は、」というが、懐古されるその内容が、「勉強」であったためしはほとんどない。遊びの中で、あれを学んだ、これを知った、というのが大部分だ。文部省の人々は日本の危機に焦りすぎて、頭が混乱している。四年で卒業できない学生を機械的に増やしてどうしようというのだ。

日文　森川真由美

（2）文部省が大学の単位修得を厳しくするそうだ。たしかに今の大学生は授業も出ずに遊んでいる人も多い。私も一般教育で多くの「楽勝」講座を選択してきた。

私はどうしても日本文学を学びたくて、この大学に入学した。高校や中学の頃は数学は得意科目だったが、日本文学を学ぶことを心に決めていた私にとって、「数学を学ぶ」ことにはとても違和感があった。何度も先生や親に訴えたが、制度だから、とあきらめて勉強した。「こんなものはどうせ役には立たない」と思いながら。でも大学に入っていろいろな授業を受けて、無駄な知識や無駄な勉強はないのかもしれないと思い始めている。いまは興味のある科目なら、「大変だ」といわれている教授のものをあえて選んだりしている。たしかに大変なのかもしれないが、いろいろな知識が入ってくるので楽しい。「楽勝」科目は「楽勝」なだけあって、気負わず、楽な気分で授業を受けられる。今まで何とも思わなかったことに興味をもちだしたりもする。（まったくおもしろくないものもあるが。）

文部省が厳しくしても、学生は簡単には変わらない。いままで知識をつめ込まれただけで、そこから自分で考え、知性にまでしている人は少ないだろう。

今のゆったりとした大学制度というものは、勉強と知識をつめ込むことに忙しかった私にとって、自分というもの、自分の生き方やほんとうにやりたいことを考えるとてもいい機会となっている。

大学生活のすべてに満足しているというわけでもないが、今の日本の教育制度の下で内発的な動機づけもなく勉強し、そのまま大学生となり、大学生となってもゆとりのない時間を過ごすとしたら、自分のことをふり返る機会も失ってしまうような気がする。

教育とは幼いころからのものだ。大学だけを変えるのでは何も変わらない。

日文2　倉住　薫

今回は立ち止まって、私たちにとってもっとも身近なこの問題をすこし議論したいと思うのだが、どうだろうか。

ひとりの教員としての立場で言わせてもらえば、ぼくはいまの大学は（国学院大学は、と特定してもよい）、到底、大学の名に値するものではない、と感じている。全学生が、毎週五〇ページなり、一〇〇ページなりのテキストを読んできて、それをめぐって討論ができるというようでなくては、大学教育などといえるものではない。一回の授業に臨むためには、テキストの下読み、下調べなど、数時間の準備が必要とされるのである。その程度の要求水準は、諸外国の大学ではごくあたりまえなことになっているが、日本では「マジメ」な学生ですら、たかだか毎回の授業に出席するだけ、一冊の文献も読まずに当該科目を「履修」して、目出度く「単位」とやらを取得していく。そうした君たちの日常は、大学教育としてはほとんど戯画に近いものだ。

こうした状態で、いいはずはない。文部省ならずとも、大学教育の実状に危惧や不満をいだくのは当然だろう。今回の大学審の答申にも、そうした危機感が如実に反映している。

右の二人のエッセイは、大学審答申のなかに典型的に示されているこのような大学批判、大学改革論にたいする、学生の立場からの反論として書かれている。いままで述べてきたような改革論議のなかでは、レジャーランド化した大学への批判がどうしても一方的に語られることになりがちだが、学びの当事者は何といっても学生であって、その学生たちが、現に大学でいかに学んでいるかをかれらの経験にそくして見ていかないと、「改革」は無謀な暴力になってしまう。耕地にすると称して、荒れ地に枯葉剤をばらまくようなことになってしまうのだ。荒れ地のなかで、いま草木がどう育っているかをしっかりと見つめることが必要なのだ。二つのエッセイが主張しているのは、そのことだと思う。

先にものべたように、教師としてのぼくの感覚からすると、いまの大学は、あまりにも物足りない。これは打ち消すことのできない実感だ。学生の君たちのなかにも、そう思う人は少なくないだろう。大学教育がこのままでいいとは、到底、思えないのだ。だとすれば、どう変わっていったらよいのか、を、君たちとともに議論したいのである。

いまの大学生があまりにも遊び呆けているから、もっと厳しく「勉強」をさせるというのが、大学審答申の趣旨だとすれば、君たちがいうように、それは事態をなんら変えるものにはならないだろう。内発的な動機を欠いた、強いられた「勉強」への反動として、大学のレジャーランド化がおこっているのだから、それにさらに反動をくわえても同じ振り子の運動をくりかえすだけだろう。

勉強をしないでもよい、ということ、そこまで極言しないとしても、ゆとりのある時間をもつことができる、ということは、大学生の貴重な特典であろう。倉住さんがいうように「ふりかえる」時間をもつということは、人生において決定的に重要だ。ゆったりとした時間、制約のすくない空間のなかで、自分の興味や関心を追求することができるという点が、何といっても大学の魅力なのである。いろいろ不満はあっても、失ってはならないものが、大学にはある。それをもっと大切にしたいと思う。本人は気づかないかもしれないが、ぼくらから見ると、四年間のあいだの大学生の変化はかならずしも小さなものではない。気ままにすごしているようでいて、その間に、やはり何かを学び、それと意識することなく自分を変えているのである。

大学を一種の「訓練」機関として考えるか、「遊び場」として考えるか、によって、大学のイメージは大きく変わってくるだろう。ここでいう「遊び場」を、レジャーランドと混同してはならない。レジャーや気晴らしは、強いられた労苦にたいする代償だが、遊びは、自由な労働とつながっている。学ぶということ、働くということは、本質的に遊戯的な行為である。その遊戯性を浮上させていく営みが、遊びなのだ。

勉強と労苦だけを強いられてきた日本の子どもにとって、気晴らしやレジャーはなじみの深いものだが、そのぶん、「遊び」は疎遠なものになってしまっている。

遊びのなかには、多かれ少なかれ「訓練」的なものがふくまれていて、それを回避すると、遊びの歓びも希薄なものになってしまう。遊びは単純に楽しいだけのものではない。そこには試練や苦しみもある。ものごとにたいする自由な戯れとしての遊びは、その自由を制約する対象の側からの抵抗との格闘の過程でもあって、だからこそ、遊びのなかで人は学ぶのだ。

長年の強いられた労苦の垢を落とすレジャーランドとしての大学も一概に無意味とはいえないだろうが、つかの間のモラトリアムが過ぎて、また強いられた労働がはじまるというのでは、すこし寂しすぎるではないか。レジャーを消費しても、人間は自由にはなれない。それ自体が自由な労働であるような遊び、たんなる気晴らしではない遊びを、どう創り出していくか。強いられた労働を宿命として感受し、生の無意味さにシニカルに耐えつづけることも人生の一つの選択ではあるだろうが、遊びは、生命がそれにたいして投げかけるＮｏｎ！　なのだ。

学問をするということも、一つの遊びだと、ぼくは思っている。大学は遊び場である。訓練の場としての大学教育の意義を軽視するつもりはないが、いま私たちにもっとも必要とされているのは、知の遊び場としての大学のヴィジョンではないだろうか。

Ｕ・Ａさんのコメントを、今日の結びとして、引用したい。

私も学ぶ＝勉強と考えてしまっている人間の一人です。

そして「早とちり」をして〝数学が苦手〟ということを、私の個性よ!!　と、開き直っていました。数学がたんなる技術ではなくて、「ある世界の見方」であるなんて、夢にも思っていませんでした。

私もＮ・Ｙさんと同様に、二次関数ができないってことがそんなに大変なことのわけ？　そんなものできなくたって生きていけるわよ!! 更に、数学なんてこの世から消えてしまえ! と長年思っていたのです。そんなわけですから、中学、高校での私の数学に取り組む姿勢、さらには成績は、ご想像のとおりです。

私は数学を学んでなんかいなかったのですね。「勉強」をイヤイヤしていただけなのです。言ってみれば、その当時の私の数学にたいする知的好奇心は頑丈な箱へ幾重にも入れられて、更にその箱に鎖をぐるぐる巻きにして心の深い湖に沈めてしまっていたのです。数学には知的好奇心を満たしてくれるものは何もないと思ってしまっていたのですね。「ない」のではなく、私が感じられなかっただけなのですね。

本来あるべきはずだった数学への知的好奇心は、史学科の大学生になった私にはもう取り返しは(ある意味で)つかないとも言えますけれども、今日の講義でぐるぐる巻きにした鎖、幾重にも重ねた箱は消滅したのです。そして私の心の湖底から「数学に対する知的好奇心」は水の泡のようなものとして浮かんできているのです。その泡には、もう何の意味も残っていないのでしょうか? ――答えは、いいえ。とてもとても大きな意味をもっていると思います。このような誤った思い込みで、自分でつくった「おり」に自分を閉じ込めてしまわないように……と。 嫌いなものは排除してしまえば良いというのは間違いだと、私に教えてくれたのです。

「レジャーランド化した大学」という言葉は私たち呑気な学生にとって、とても痛く重い言葉でした。痛く、重く感じられるというのは、私がその「レジャーランド」の〝アトラクション〟で遊んでいたからだと思います。しかしやり直すことは、今からでもできるはずです。私は数学の知的好奇心を封印してしまった誤りを二度とくりかえさぬことを決意し、「レジャーランド化した大学」に甘んじない学生を目指していこうと思ったのです。

史2 U・A

4 動詞「つくる」と「壊す」について
——「学びと文化」98年11月17日

一——「つくる」について

つくる［作る・造る］　①別の新しいものを生み出す。②くみたてる。③耕作する。④醸造する。⑤かたちづくる。⑥ある結果を生じさせる。⑦設立する。⑧子をうむ。⑨料理する。⑩治める。育てる。（『広辞苑』より）

『つくる』には、さまざまな意味がある。人間は、いろいろなものを「つくって」きた。自分たちの子孫も、「つくって」きたのである。「つくる」ことで、農業、酒、経営、料理、養育が、生まれた。

しかし、現在の学校教育では、ほんとうに「つくる」という行為がおこなわれているのか、と疑問に思う。小学校の頃から、「つくる」の代表として、図工の授業がおこなわれている。でもそれは、先生が課題を決める、というものだ。とても風景画の気分ではないときでも、風景画を「つくらされて」いた。逆にどんなにやる気になっているときでも、時間が終われば「つくる」という行為は、打ち切られてしまう。「つくる」を体験しているのではなく、「つくらされて」いたのかもしれない。

その「つくらせる」行為でさえ、中学、高校、大学と減っていっているようだ。「芸術」という時間がだんだん減っていくからだ。

実際には、社会に出たり、結婚したり、一人暮らしをはじめたときに、いちばん重要になってくるのは、「つくる」という行為である。料理をつくる。子どもを産み、育てる。家庭を治める。これは「つくる」の意味、そのものである。

現在では、幼い頃から「つくる」という行為をないがしろにされ、「新しいものを生み出す」(広辞苑)ことが困難になっている。「つくる」ということをおこなえば、自分で自立した生活ができるようになる。最近では、幼い頃から「つくる」ということをせずに、そのまま大人になってしまった人がたくさんいるような気がする。その結果、「子どもみたいな大人」が「つくられて」しまう。

昔は「つくる」という行為が、幼い頃からあった。母親は子どもが多く、あまり面倒を見てやることもできなかった。今では、何から何まで、親のほうで「つくって」あげる。大人になって、はじめて、生活の仕方を学び、「つくる」のである。ほんとうの順番とは逆だ。

そして女性が子どもを産まなくなった。農業も減少している。料理ができない人もいる。家庭をきちんと治め、子どもを育てていくことができず、家庭崩壊がすすんでいる。人間の基本的な営みが、「つくれ」なくなってきている。いま私たちは、「つくる」という営みを、ずっと人間があたり前のこととしてやってきたことを、学び直さなければならないのかもしれない。

日文2　倉住　薫

つくる、という言葉は、多義的だ。

つくる、という行為は、ものをつくること、狭い意味での製作活動を意味することが多いが、『広辞苑』にもあるように、子どもをつくる、家庭や会社をつくる、よい雰囲気をつくる、というときも、私たちは「つくる」という動詞を使っている。(子どもを「つくる」は、かなり特殊な言い方で、一般的には「生む」とすべきではないだろうか。)

イヴァンス・プリチャードの『ヌアー人の宗教』によると、スーダンの牧畜民であるヌアー人は、「つくる」に相当する二つの言葉をもつという。一つはタスで、これはすでに物理的に存在しているものを加工して、そこから何かをつくることである。たとえば鍛冶屋が鉄から槍をつくるとか、子どもが粘土から雄牛をつくるとかいうときに、この語がもちいられるわけだ。

もう一つはチャクで、神が世界を創造した、というときの創造である。チャクはもともとは神の行為なのだが、人間が想像力によって詩や物語をつくることも、比喩的にチャクとよばれている。そしてこの創造は、すでに存在しているもののtransformationではなく、まったくの虚無からの創造と見なされているのである。神は、そして詩人は、その思考と想像によって、無から有を、一つの宇宙を創出するのである。

漢字で書けば、タスは「作る」、チャクは「創る」だ。

以下では、この両方の意味をふくんだ言葉として、「つくる」という動詞を考えることにしよう。

倉住さんがそうしているように、「つくる」という言葉の多義性(曖昧さ)を、積極的に活用しようということだ。「つくる」ということは、ものをつくることだけではなく、考えやイメージを(さらにいえば「世界」や「宇宙」を)つくることでもあって、両者をあまり別なこととして分離しないほうがよいと思うのだ。人間がものをつくるときには、そこに思考や想像力が介在するはずだし、一方、詩や物語のほうも、けっして虚無からの創造などではありえない。どんなフィクションでも、それは経験の一種の加工なのであって、すでに存在しているもの（現実）を素材としながら、私たちは新しい世界やイメージを創造していくのだ。「創る」ことと「作る」こととのあいだに決定的な相異があるわけではないのである。

これらの「つくる」行為が子どもたちから剥奪されていること、そのために自分で自立して生活していくことのできない「子どもみたいな大人」が増えてきてしまっている、ということを、倉住さんのエッセイは訴えている。

子どもが「つくる」ことから遠ざけられているということは、別な言い方をすれば、「つくられたものを消費している」ということである。これは子どもにかぎらず、多かれ少なかれ、すべての個人がそういう状態におかれているといえるだろう。ものも、観念も、世界そのものも、すべてが既成品として、私たちに与えられ、それを「つくる」経験から、私たちは引き離されている。

商品経済の発達は、「つくる」者と「消費する」者との分離を、極度におしすすめた。自分が食べているもの、着ている衣服が、どこで、だれによってつくられているかを、私たちは知らない。どんな素材を、どのように加工し変成して、この商品が「つくられ」たかを、私たちは知りもしないし、知ろうともしない。「つくる」ことは、企業に委ねられており、その企業の生産はもっぱら利潤の追求を動機として行なわれているのである。じつは倉住さんのエッセイには、ぼくの独断で削らせてもらったちょっと意味の通りにくい文末があって、しかしそこにはかなり重要なことが述べられていた。人間は一方で核兵器のようなとんでもないものを「つくって」しまったが、そのことによって文化を崩壊させ、ほんとうに自分にとって必要なものを「つくる」

ことのできない人間を「つくりだして」しまった、という論旨である。ことはたんに学校や親子関係のみならず、人間の文明のありようにかかわっている。「つくる」ということを、何もかもつくることの「専門家」に委ねてしまうと、個人はかぎりなく無力化していくのだ。

学問や芸術についても、同じことがいえるのではないか。「つくる」を手放すことによって、私たちの文化は、そして私たちの学びは、ずいぶんと貧しいものになってしまっているのではないだろうか。

知識や芸術的イメージというものは、だれかによってあらかじめ「つくられて」しまったものであり、学ぶということは、自分で考えたり想像したりすることではなく、すでにつくられてしまったものを受容し、消費することだ、と、私たちは思い込んでいて、その結果、「学ぶ」は、ひじょうに受動的なニュアンスの付着した言葉になってしまっているのである。

文化が一面で、すでに創造された「遺産」として、私たちのまえにあることはいうまでもない。それを学び、伝承するということは、しかし「つくられてしまった」ものを覚え込んで、そのミニチュアをつくるということではない。というよりも、ミニチュアを「つくる」というその行為のなかにさえ、再―創造という「創造」的な過程が否応なしに入り込んでくるのである。文化の伝承とは、その伝承主体による文化の再創造なのである。この創造という側面が希薄になった学びは、不毛な学びにならざるをえない。「学ぶ」の根底には、つねに「つくる」がなければならないのだ。

だから創造的に数学を学ぶ子どもは、小さな数学者である、といわなければならない。かれには及びもつかない数学者という人種がいて、その数学者が「生み出した」数学を機械的に「覚えている」のではなくて、子どももまた数学者たちの文化的実践に参加し、かれらの考えたことを考え、かれらが発見したことを再発見しているのである。出来あいの真理としてピタゴラスの定理を「覚え」込んだからといって、子どもがピタゴラスの定理を学んだことにはならない。かれが自分でそれを見つけだしたときに、そのときに、それは真にかれ自身の知識となるのだ。

出来あいの商品を消費することによって私たちの日常生活は成り立っているが、そういう社会では、しばしば学びもまた、出来あいの知識を買い求め、それを頭のなかにため込む行為に堕してしまう。そのことによって自立的・創造的に思考する力が掘り崩されていくのである。そういう社会をイヴァン・イリッチは、「学校化された社会」とよんでいる。イリッチによれば、学校は人間を受動化し無力化していく消費社会のシンボルなのである（イリッチ『脱学校の社会』東京創元社）。

日本の学校教育は、子どもの思考力・創造性の発達を犠牲にして、一見、効率的な知識の注入に励んできた。この「学校の失敗」は、だれの目にも明らかだ。たんに知識を暗記するのではなく、知識を発見し、関連づけ、構成していく能力こそが重要なのに、その面での力は、「学校化」の進展とともにかえって退化の途をたどっているようなのだ。

私たちの学びは、いま、転換を迫られている。そして「学び」を再生する、ということは、私たちが、与えられることを待ち受ける受け身の消費者ではなく、知の「つくり手」になっていくということと不可分なのだ。

二——「壊す」について

壊すといってもその対象が有形無形あるのだけれど、今回取り扱うのは「物」を壊すことです。近頃テレビの企画で、興味深い「壊す」ことについての見世物があるので、それから本題に入りましょう。どこのテレビ局か忘れましたが、夜のバラエティ番組内で、一般から募集した思い出の品を爆発するというやりかたでその持ち主とお別れさせようという企画があります。持ち主は捨てたいけれど捨てられない思い出の品を持って、どこの砕石場だ？　というような所にやってくる。火薬の専門家の手によって取りつけられた爆発物のスイッチを、司会者、視聴者注視の中で押す。爆発。

これがどうも私にはなじめない。要するに嫌いなのだと思います。持ち主のエピソードと、移入しやすい別れの感情があり、見た目にも派手な破壊の場面があって、フィクションなら観客に喜ばれる見世物になりそうなのですが、実話というのはどうしても見世物になりきれない。それがひっかかる原因と思います。

こうした不満を内語していて思い出すのは私自身の破壊の思い出です。子供っぽさで物にムカツキを発散させる年頃のころ、絵画展で入賞した私は嬉しさと高くなった自尊心と二人連れでした。その日の夜、自信満々で絵と表彰状を親に見せたところ、ほめるにはほめてくれたのですが、絵については「大したことないのにね」と洩らしたのでした。鼻高々の私をたしなめようとしたのかもしれませんが、許せなかった私は自分の部屋のゴミ箱に、即、絵を折ってたたきこみました。自分でも気に入っていた絵を折り曲げるとき、私はいろんなことが悲しかった。怒っていた。泣きながら想いを壊した私も、表彰状のことはちっとも頭になかった。おかげで麗々しい毛筆で書かれたそれだけが今も手元に残っています。
気に入っていた物が壊れるのは、大へん悲しいことだと思います。テレビに応募してまで壊したいということは、その物にはその人一人で持っていたくない思い出もあるのでしょう。しかしやっぱり好きになれそうもありません、この企画は。

哲学科2　岡林　沙織

学ぶということは、たんに人に教えられて知識を吸収したくわえることではなく、「自分の世界」といえるものを構築していくことだろう。自分というものは、世界のなかの自分であって、その世界をどういうものとして知覚し了解するかによって、自分のありようも変わっていくのである。学ぶということは、「世界」をつくる行為であり、そのことを通して自分をつくっていく行為なのである。

しかし君たちの多くは、もしかしたら、世界というものは、もうあらかじめ「つくられてしまった」固定したもので、自分たちはそのなかに封じ込められているという感じを、よりつよく抱いているかもしれない。その場合、君にとって、学習の意味はきわめて貧しいものになっていく。それは一方的に与えられた世界、与えられた制度に、どれだけうまく適応していくかを競う「ラットレース」のようなものになっていくのだ。受験制度によって体制化された今日の学校教育は、知識を出来上がったものとして与えるだけではなくて、生徒たちの生きるべき世界をすでに出来上がったものとして与え、かれらを人間的に無力化していくのである。

この疎外感と無力感は、その反動として、子どもたちのなかに破壊的な衝動を生み出していく。すべてをチャラにする圧倒的な力への渇望を生みだしていくのだ。

岡林さんが選んだテーマ「壊す」は、「つくる」「学ぶ」を逆照射するうえで、重要な視点を提供していると思う。あらかじめいっておくと、ぼくは「壊す」をかならずしもネガティブな行為として捉えているわけではない。それどころか、「壊す」ということは、「つくる」ことと密着した、本質的に創造的な行為だと考えているのである。しかし人間が「つくる」ことから疎外されていくと、「壊す」も、その性格を変えていく。

普段テレビと疎遠なので、岡林さんが紹介している番組を、ぼくはまだ見たことがない。思い出の品を爆破するシーンを、テレビで見る、というのが、アイロニカルだと思った。見ないでいうのもどうかと思うが、こうしたシーンは、テレビというメディアの自画像ともいえるだろう。

イヴァン・イリッチの盟友のバリー・サンダースという若い批評家が、数年まえ、"A is for Ox."という本を出した。名著である。先月、『本が死ぬところ、暴力が生まれる』という表題で、日本でも翻訳が出た（杉本卓訳・新曜社）。サブタイトルは「電子メディア時代における人間性の崩壊」となっていて、表題ともども、この本の論旨を簡潔に示している。

メディアの歴史を、口承文化（声の文化）の時代、文字そして活字文化（識字文化）の時代、電子メディアの時代に分け、そこで人間の思考がどう変化したかを論ずるのはマクルーハン、オング以来のアメリカの文化批評の一つの伝統だが、サンダースの仕事も、その流れに棹さしている。だが、サンダースの電子メディアにたいするヴィジョンは、マクルーハンなどのそれよりもずっと悲観的だ。

細部の面白さを犠牲にして、かれの議論の大きなポイントだけを箇条書きにすると、以下のようになるだろう。

（1）「自己」というものは、識字文化の所産である。識字は、個人個人の内側に新しい空間を発達させた。

出来事は外界でおこると同時に、自分の心の内部に書き込まれるのだ。これは口承文化の人間には見られない特徴である。

(2) にもかかわらず、声の文化(口承文化)を豊かに経験することは、識字文化を形成する不可欠の基盤である。サンダースが重要視するのは、物語の役割である。人は物語ることによって、また物語に耳を傾けることによって、人生を解釈し、説明し、推敲するのである。

物語るということは、人生の出来事を、経験を、解釈し、再解釈することだ。経験という素材を、物語というテキストに織り込み再解釈することによって、人生は、決定的なものではなく、もっと別な解釈もありうるものになっていくのである。

(3) テレビ、パソコンなどの電子メディアは、すでにプログラム化された世界のイメージを子どもたちに与えつづけ、そこにかれらを呪縛する。物語る力を失った子どもたちは、それと同時に、識字能力をも失っていく。経験を解釈し、世界を構成していく「自分」というものを喪失していくのである。

(4) 識字の衰退、自我の崩壊は、暴力の跋扈《ばっこ》というかたちで、アメリカ社会を直撃している。テレビがなげかける仮想現実に浸されて育ち、自らの物語を織り上げる言葉を失った若者は、世界にたいするかれの苛立ちを暴力によって表現する。一九九〇年以降、アメリカでは六万人が銃で射殺された。「この数字はベトナム戦争で命を失ったアメリカ人よりも多い。ロサンジェルス郡だけでも、八千人を越えており、毎日、ギャングが絡んだ銃撃で二人の若者が死亡している」。拳銃は、文字を失った若者たちの筆記具なのである。

コブレイM11／9だとか、コルト・パイソンとか、一秒間に何十発もの弾を発射できる超ハイテク武器が、若者たちのあいだでもてはやされている。これらの武器の魅力は、手間どらない、という点にあるようだ。インスタント殺人が可能なのだ。その意味で、コブレイはまさに電子メディア時代の武器なのである。

「AK-47やコブレイM11／9を握りしめるのは、コンピュータの内部仕掛けを両手でわしづかみにするのに似ている。銃身を人々の方に向けて引き金を引いた瞬間、曖昧さは消え去る。その集団が今存在したかと思うと、次の瞬間にはいなくなる。これは発砲の二値システムである。その効果に何ら疑いはない。銃はつんざくような音と目をくらませるような光をともなって、発射される。他のやつら、敵、敵の集団、という形で問題が起れば、コブレイがコンピュータ文化にぴったりの解決を提供してくれる。ただ彼らを排除するのである。ギャング集団『クリップ』に『飛び込んだ』若者たちは皆、『やるか死ぬか！』という二者択一の忠誠を誓う。それは、銃身から飛び出してくる有無をいわさぬ一撃を反映している」

岡林さんが書いている「思い出の品」の爆破も、コブレイの発砲と同様に、ひじょうに電子メディア的な性格をもった行為といえよう。テレビのショウとしては打ってつけといえるかもしれない。火薬装置によって、あるいはメディアの内部仕掛けによって、一挙に爆破されるのは、記憶であり、物語である。

岡林さんが書いている「壊す」の事例は、どちらかというとネガティブなものだ。しかし、玩具を与えると、端からそれを分解しにかかる悪戯好きな子どももいるものだ。「学ぶ」との関連で、ぼくが注目したいのは、このような「壊す」である。

「学ぶ」は、世界をつくることだ、と書いたが、ぼくとしては、世界を壊すことだ、と言い換えたいところだ。世界をすでに出来あがったものとして知覚する子どもは、その無力感ゆえに、決められた遊びのルールに盲従するか、逆に世界を一気に爆破しようとするが、世界はつくるものだと思っている子どもは、玩具をいじくりまわして分解してしまう。かれは、世界を吟味し、解体し、つくりかえようとするのである。

学ぶということは、不動と思えるものを疑い、自分がそこに安住している世界を大胆に壊していくことではないだろうか。ものごとを、それに付着した既成の意味から引き離し、新しい目でそれを捉え、脱臼した諸要素に因習的なそれとは異なる意味と配置を与えていくことではないだろうか。「つくる」と「壊す」は一体のものだ。しかし「教育」が、あるいは教師が、主要に関わらねばならぬのは、「つくる」過程よりもむしろ「壊す」過程のほうではないか、と、ぼくには思えてならない。

5 額ぶちのなかの行為（「学ぶ」再説）――「学びと文化」98年12月1日

前々回の「学ぶ」の感想に、つぎのようなものがあった。


「勉強」してきた自分の姿を、今度は教材にして、「学んでいる」。

勉強してきたその過程では、それが、「自分をつくる」ことだと思ってきた。しかし今回、そんな自分の姿をふりかえって、「学ぶ」ことをしていくと、逆に自分が壊れていくような気がする。

壊れる、というのは、少しおかしいだろうか？　自分くずしの作業をしている、といったほうがいいのかもしれない。

遠回りのようでいて、実は、自分くずしの作業が、一番確実な「自分つくり」への道なような気がする。

強制された学びによって、それでも、私たちは大きくなってきた。大きくなった今、なにか物足りなく思うのは、まるで彫刻される前の石のように、自分が傷の少ない、自分くずしをしていないツルツルの石のように思えるからだ。
人間を同じ形に生産していく強制的な「勉強」から解き放たれなければ、気づかないこと、気づけないことは、意外に多いようだ。
法3　保坂　和秀

「学ぶ」ということ、また「書く」ということを、より深く考えて行く手がかりが、このテキストにはふくまれていると思う。

任意の動詞についてエッセイを書いてもらったのは、そのことをとおして自分たちの日常の行為に洞察の光をあてて欲しいからであった。そのことはすでに第一回の授業でも説明した。

はじめに述べたように、教材を、どこかのだれかが書いたテキストではなく、この教室自身のなかに求める、という形で、ぼくはこの授業をすすめたいと思う。教材というよりも、学習材、といったほうが適切かもしれない。いま君たちが学んでいるその姿が、この授業の、おそらく最良の「学習材」ではないか、ということだ。

そのこととかかわって、十月二十日の授業プリントを、もう一度とりだして見てほしい。サン人の狩りの場面が描かれたそれだ。

この壁画は、サン人にとって、重要な「学習材」であったはずだ。かれらはたんに行為するのではなく、その行為を絵に表現した。その絵と向きあうことによって、かれらは日常の行為のなかに潜んでいる深い意味や、ときには自分たちの行為の技術的な欠陥にも、気づくことができたのだ。

もう一つの絵を見よう。

この絵は、ブラジルの識字教育で、教材として、いや「学習材」としてつかわれているものである。パウロ・フレイレという識字運動家の『自由の実践としての教育』という本から採った。このような絵を見ながら、自分たちの状況や問題をいろいろ語りあう、というのが、フレイレの識字教育のスタイルである。絵の内容はいろいろだが、自分たちの日常の生活場面を描いたものが多い。ごらんのとおり、この絵ではそうした識字教室の情景そのものが、識字教育の学習材になっているのである。

君たちが書いた「学ぶ」という行為についてのエッセイは、少しくこの絵と似た機能をもっている。

絵は、いわば鏡の役割をはたしている。鏡に映しだされた自分たちの姿から、いろいろな気づきがもたらされるのである。私たちの教室の場合は、絵ではなくて、エッセイが一種の「鏡」となっている。絵であれ、エッセイであれ、自分たちの状況を「鏡」に映しだす手続きを、フレイレに倣って、一括して「コード表示」と呼んでおくことにしたい。

この絵にも示されているように、フレイレの識字教室では、参加者たちは、自分たちの状況を映しだした一枚の絵や映像をまえにして、延々とそれについて語りあう。その絵から、たくさんの深い意味や認識を引きだしていくのである。識字とはいっても、フレイレの識字教育は、たんなる文字の読み書きを学ぶための識字ではない。文字を読むことよりも、世界を、状況を、読むことがより基本的なのであり、「読む」という行為は、けっして文字を読むという技術的な操作には還元しえないものなのだ。

「書く」についても、それはいえることだろう。絵に描くことも、文字で書くことも、また身ぶりで空間に何かを刻み込むことも、人間の行為としては等価であって、そうした広い基盤のうえに「書く」ことを位置づけていかないと、それは徒《いたずら》に技術的な、硬直した行為になってしまう。エッセイを書くことと、狩りの絵を描くことを、ぼくが同じ「コード表示」のヴァリエーションとして論ずるのは、それゆえだ。

この授業に参加している君たちの場合は、自らの学びの状況をコード表示することをとおして、ここでいま、学ぶことについて学んでいる、ということになるだろう。識字教室の参加者が、その教室をコード表示した絵を媒体にして、自分たちの学習について語りあうことと、構図としては同じである。

こうした学習についての学習を、新しい社会運動の理論家として有名なアルベルト・メルッチは、「再帰的」な学習と呼んでいる。

「複合的な社会では知識はますます再帰的reflexiveになっている」と、このイタリアの政治学者はいっている。「たんに学習することではなく、学習を学習することが問題になっている」。

複雑化する社会のなかでは、学んだ結果としての知識よりも、学ぶことを学ぶことが、より重要になるというのだ。「勉強」の呪縛から自分を解放し、新しい学びのイメージを自分のなかに創りだしていくことがまずは必要だ、ということだ。

知識がどうでもよいということではない。知識の質が問題なのだ。その形成のプロセスのいかんによって、われわれの知識の質はまったく違ったものになっていく。学び方を不問にふして、ただ走りつづけるだけでは、創造的な知性は生まれてこない。

というわけで「学ぶ」という行為そのものを俎上に乗せて、それを吟味することが必要なのだが、保坂君は、それをしていくと「自分が壊れていくような気がする」と書いている。ここが重要なポイントだと思う。

学ぶということは、ある面からいえば、自分を壊していくことだ。自分とは無関係なものとして、たんに知識を暗記しているかぎり、自分が壊れるということはけっしてないし、その衝撃から、より強靭で、より開かれた自分を立ちあげていくこともありえない。たくさんの知識を習得しても、その知識は挑発する力をもたず、自分の世界は無傷なままだ。世界についての豊富な情報に接しながら、自分自身は閉じた、学ぶことへの倦怠感を抱え込んだ自分でありつづける。保坂くんの言葉を借りていえば、それは「自分くずしをしていないツルツルの石」のようなものだ。

学ぶという行為、知るという行為は、たんに知識を付加し、蓄積することではない。それは加法の反復ではない。私たちは、ある認識の枠組にしたがって知識を把握したり受容したりしているが、しかし同時に、新しい知との出会いをとおして、知るための枠組そのものをたえず造り直してもいるのである。自分の認識や思考の枠組を不断に解体し、再構築していく、そのプロセスこそが、学びなのである。そういう試練をとおしてしか、人間の思考は開発されていかないものなのではないか。

フレイレのいう「コード表示」について、もうすこし書きたい。

フレイレの識字教育は、たんなる文字の修得を目指すものではない。そのことは先にも述べたが、こういうかれの思想は、われわれの教育認識の枠組にはかなり馴染みにくいものといってよいだろう。手っ取り早くより多くの文字を覚えることが識字教育の目的であって、世界について学ぶのはその先のこと、と一般には考えられている。フレイレはそういう考え方をとらない。言葉を読むということと、世界を読むということは、同時的な行為なのだ。もっとつきつめていえば、世界を読むという行為は、語を読む行為に先立つものとしてある。そうフレイレは考えているのだ。

世界を読む、ということは、読まれる対象である世界と、読む自分を、分離し、対立関係におく、ということである。自分というものは本来、世界の「中」にあって、その一部となっているのだが、その世界からいったん自分を分離させて（いいかえれば世界と自分とのあいだにある距離を設定して）、「読む」主体、省察する主体として世界と向きあう、ということなのである。もっと個人にそくしていえば、意識が、いわば自覚的に、自らの存在そのものと向きあう（＝対自存在になる）、ということをも、それは意味している。フレイレは、こうした精神の運動を、意識化と呼ぶ。たんなる技術としての文字の修得ではなく、自分と世界との関係を変えていく「意識化」の実践として、フレイレは識字をとらえているのである。

だからフレイレたちの識字実践においては、自分がそのなかで生きている世界を距離をおいて見つめ返すことがことのほか重要視されるが、そのための方法としてひじょうに大きな役割をはたすのがコード表示なのである。

識字の集まりでは、参加者たちの日常生活の断面が、一枚の写真や絵として映しだされる。その映像を「解読」するという形で、学習が展開するのである。口頭での話し合いが十分に深まった段階で、絵のキーワードが、はじめて文字の形で提示されるのである。その語を音節に分解し、それらの諸音節からさらに別な諸語を構成していく文字学習のリングイスティックな側面にはここでは立ち入らないが、フレイレのいわゆるコード表示は、「識字」のためのたんなる導入ではなく、文字による「読み書き」それ自体が、自分自身の現実のコード表示(コード化)として組織されていることを、再度強調しておかなければならない。「絵」を読むこと(描くこと)と、文字を読むこと(書くこと)とは、一貫した論理にもとづく同質な営為として、組織されているのである。

フレイレたちの識字教育は、現代の洞窟壁画なのだ。

いわゆるコード表示で使われる媒体は、絵や写真ばかりではない。フレイレの影響をつよく受けた識字ワーカーたちは、コード表示にあたって、しばしば「演劇」という方法に訴えている。絵や写真によってではなく、劇によって、状況が「コード表示」されるのである。

壁画を描くサン人は、現実に狩りをしながら、他方でその狩りの場面を絵に描いたが、それと同じように、演ずる人間は、現実の場面で自らがおこなうある行為を、「演ずる」という仕方で舞台に再現するのである。かれが行為を再現する「舞台」は、一種の「額縁」の役割をはたしている。その額縁のなかに状況が描きこまれるのだ。「狩り」という行為は、現実におこなわれる行為と、額縁のなかの行為に二重化されるが、なぜそのようにして狩りを模倣するのかといえば、狩りを「見る」対象にするためである。演ずることによって、狩りは意識的・反省的な観察の対象となるのである。

フレイレの識字実践に演劇を接合したのは、アウグスト・ボアールというブラジルの演出家である。ラテンアメリカをはじめとする第三世界の民衆教育の現場では、いまでは演劇がコード表示の方法として多用されているが、そのなかでつねに言及されるのはボアールの実験である。かれの『被抑圧者の演劇』は、ぼくらが訳したものが図書館にあるので、参照してほしい。

ボアールがその演劇実践のなかで強調することの一つは、見る者と、演ずる者の相互転換である。見る者が演ずる者となり、演ずる者が見る者となる。見る者と演ずる者の分離は、意識化にとってたいへん重要だが、その分離が固定されてはならないのだ。英語では演ずる者をactorというが、観衆もまたたんなる「見物人」ではなくて、actorすなわち行為する人間になっていかなければならない。演劇がめざすもの、——それは、見ることと、行為することの往復運動だ。舞台や額縁というものは、人がそこから出たり入ったりして、演じ、かつ観察しつつ、自分たちの行為を批判的に吟味していくための枠組なのだ。

前ページの絵をもう一度、眺めてみよう。コーディネーターが、花の絵を棒で指して、何かいっている。参加者たちは数日前に、この花の絵を見ながら、議論をたたかわせた。そのときの場面が、今日は絵になって、みんなのまえに掲げられている。今日も人びとは、この絵をとりかこんで、そのときと同じように議論をたたかわせているに違いない。そうした絵の外側の情景を想像しながら、あらためてこの絵を眺めてみよう。ちょっと奇妙な気分になってくるのではなかろうか。

絵の主題が花ではなく、この教室の風景であったとすれば、合わせ鏡の構図はもっとはっきりとしてくるだろう。自分の姿を鏡に写しているところをもう一つの鏡に写すと、同じ情景が入れ子状に重なりあって、不思議な世界が現出する。鏡を見ている自分が鏡のなかにいて、その鏡のなかの自分は鏡のなかの自分を覗き込んでいる。不思議の国のアリスである。

悪い冗談はともかくとして、鏡のなかと外を自由に往還するという意味で、演ずることと、書くこととは、たがいに通底する行為であるといえるだろう。歩くことと歩くことを演ずること、歩くことと歩くことについて書くこと、行為とその行為のコード表示のあいだを行き来することによって、人間は、より自由に行為する可能性をきり開いてきた。

じつを言えば、鏡の外に出て、鏡のなかの自分を観察することのできる自分は、すでにして鏡の外に一歩を踏み出しているのである。合わせ鏡は悪い冗談だ。人間は、行為するだけでも、また「見る」だけでも、自由にはなれない。コード化と行為の往還こそが重要なのだ。

6 動詞「読む」をめぐって

――「学びと文化」98年12月8日

F・Hさんが「読む」という動詞について書いているので、今日は、その文章から読んでいくことにしよう。

本好きな子はおとなしく見えるというが、本当にそうだろうか。たしかに一人読書に耽る姿は静寂に包まれているが、私の場合は、頭のなかはたいへんにぎやかなのである。それは文章で書かれてあることが、そのまま頭のなかで映像化されているからである。さらに、音もついてくるので、「鳥が鳴く」と書かれてあれば鳥の声が聞こえるし、「車の騒音」とあれば車の騒音が聞こえてくる。「夏祭り」などと書かれてあれば、それこそ大変である。一人静かに読書に耽っているように見えるが、実は頭のなかはドンチャン騒ぎが繰り広げられているのである。次の文章にいけば、映像も動くし、音も変わる。静かな外見とは裏腹に、実は内側ではめまぐるしく世界が変わっていっているのである。だから、いくら周りが静かだからといって、私の耳にはしんという音は聞こえてこないのである。

読書をする、本を読むということは、簡単そうに見えて実はそうではないのである。それには想像力という力が必要になってくるからである。例えば、「玄関から入る」という文章から想像する場面は人それぞれである。「玄関」をどのように想像するだろうか。和風建築か洋風建築か、まずそこで分かれてしまうし、扉の高さ、幅、材質、装飾の有無。さらに入る瞬間の音が加わる。鈴かチャイムか、ベルが鳴るかもしれない。扉がきしむかもしれないし、ガラス戸ならガラガラと音がするだろう。入る自分自身の靴の音はどうか。革靴、ヒール、スニーカー(これは音はしないかもしれないが)、想像するものは人それぞれ違うだろう。それは自分の実体験に基づいて、一瞬のうちに頭のなかに映像化されたものである。映像がよりリアルであればあるほど、現実感をもって感じられることだろう。

「読む」ということは、作者が創りだした世界に近付こうとすることであり、それを理解しようとすることであると考える。それには、〝想像力〟が必要である。文章の字面をおっていくだけでは決して見えてこないことを推測して考えてみる。作者の心の内側を想像してみる。想像力を使って、世界を広げていく。しかし、それはあくまでも仮想の世界だということを忘れてはいけない。実際に「見る」こと、「聞く」ことの方がはるかに重要なのである。なぜなら疑似体験よりも、実体験の方がより圧倒的な力をもっているからである。それら実際に体験できないようなことを補っていくのが、本を「読み」、想像してみることなのである。読書を面白いと感ずるのはなぜか、それは想像力を駆使した知的な遊びだからである。

日文2　F・H

読むということ、それは、けっして文章の字面をおいかけるだけの行為ではない。それは、書かれたことの機械的なコピーを頭のなかにつくることではない。

読むということ、それは想像することであり、与えられた記号を手がかりにして、読者が自分でイメージを紡ぎだしていくことだ。テキストを読むということは通常考えられているような、ただただ受け身で、静寂な行為などではなくて、「想像力を必要とする」すぐれて能動的で構成的な活動なのだ。

F・Hさんのエッセイには、そうした読書の姿と醍醐味がじつにいきいきと描き出されている。

ぼくは前期の教養ゼミでベルトルト・ブレヒトの「ガリレオの生涯」を読んだが、戯曲というものは、自分が演出家や役者になったつもりで読まないと、面白く読めないものだ、ということを痛感した。読まれることだけを念頭においた戯曲というものもあるのかもしれないが、普通、戯曲の場合は、読むことと舞台をつくることとが直結している。その台詞がどんな声調で、どんな身振りをともなって発語されたかを、読む者はいちいち考えながら、テキストを読みすすめていかなければならないのだ。戯曲の読み手は、舞台の創り手として、テキストと向きあうことを求められる。

考えてみると、これは戯曲だけのことではない。戯曲の場合は舞台をつくるわけだが、舞台をつくらないまでも、解釈を創りだす、という意味では、あらゆる読書は一種の創造行為であるといわなければならない。ただ読んだだけでは、「読んだ」ことにはならないのだ。読み手が自分の心のなかに、そのテキストへの反応を解釈として書きこんだときに、はじめて「読む」という行為は完成する。テキストを読むということは、そのテキストをもとにして、もう一つのテキストを書く、ということなのだ。

そのことを明快に論じた本があるので、一読をおすすめしたい。ロバート・スコールズというアメリカの文芸批評家が書いた本で、『記号論のたのしみ』『テクストの読み方と教え方』『読みのプロトコル』（岩波書店）が邦訳されている。一冊に絞るとすれば、『テクストの読み方と教え方』だが、他の二冊も捨て難い。どの本も大学における文学教育（＝教室における「読み」の実践）を念頭において議論をすすめているので、文学を専攻する人にとっては必読書だと思う。

現代の文学理論は、作家・詩人の創作の現場よりも、むしろ教室での文学教育の実践と緊密に結びついている。スコールズの場合もそうである。かれは、大学での文学教育の存在意義は、古典についての知識や教養を与えることではなくて、テキストを読み、テキストを産みだす、ある種のスキルの形成にある、と考えているようだ。文学教育とは、テキストをどう読むか、テキストをどう「使う」かというエクササイズなのであって、その対象とするところはかならずしも狭義の文学テキストばかりではない。

スコールズはいう。

「現代は操作の時代で、学生たちはあらゆるマス・コミュニケーション手段によってひっきりなしに攻撃されており、それに抵抗するためには強い批評的能力が切実に要求される。こうした時代にあってわれわれのなしうる最悪のことは、学生たちの中にテクストを崇拝する態度を養うことだ。ロマン派的な審美主義の遺産のひとつであるこの態度は、われわれがこれまで行なってきた文学解釈では、きわめて自然な態度である。聖典をまえにした釈義者の態度。だが、今必要なのは慎重な態度、分かったと思うまえによくよく考え、なにか見落としやすい点や、ひとには分からないように話題にされていることはないかと目を光らせる態度、結局、批判的であり、つねに問うことをやめず、懐疑的な態度である」（『テクストの読み方と教え方』）

「私はべつに目新しいことを言っているつもりはない。文学の教師ならば誰でもがすでに知っていることを述べているだけである。つまり、学生に解釈を押しつけても何にもならない、学生は自分で解釈しなくてはならない、学生のその創造力こそ教育のめざすところであると言っているのである。実のところ、この創造力がつかないかぎり、人文教育は完結しない。にもかかわらずこのことは、産業界や経済界からもってきたモデルを応用する、応用しようとする大学制度ではよく見落とされてしまう。かりに学校を工場とみなすならば、管理者は『経営者』に、教師は『労働者』になり、学生は『製品』として生産されることになる。そして生産される学生の数が多いほど、教師の生産性は高い、管理者の経営力はすぐれているということになる。きわめて狭い見方をすれば、これは実に正確なとらえ方であろう。ただそれは学生の創造力をまったく無視している。多数の学生を加工するさいにまず犠牲にされているのは、学生自身の創造力である、テクストを作りだす力である。しかもこの創造力をつけることこそ人文教育の主眼である以上、それを犠牲にすれば必ず製品としての学生をそこなうことになる」（『記号論のたのしみ』）

「われわれのしごとは、すぐれたテクストを作りだして学生を威圧することではない。われわれのしごとは、すぐれたテクストの産出をささえるさまざまなコードを彼らにしめすこと、彼らが自分でテクストを作りだすように勇気づけることである」（『テクストの読み方と教え方』）

「自分でテキストを作りだすように勇気づける」ことを、私たち教師は、どれだけしてきただろうか。

つくることから学生たちを疎外してきた日本の教育の体質は、「読み」の教育にも端的に現れている。「正しい」解釈を先生から「教えられ」、それを「覚え込む」という戯画にもならない「読解指導」が、依然として国語教育においては支配的だ。（大学教育の状況はもっと悲惨である。）ひたすら学生を受動的にするために、――かれらから「テキストを作りだす力」を奪うために、「教育」がおこなわれているとしか思えない。

マス・コミュニケーションもまた、出来あいのイメージの洪水のなかに人間を陥れ、かれを既成性の檻に閉じ込める。

「鳥が鳴く」という言葉から、その声を想像するまえに、ブラウン管の向こうからは出来あいの「鳥の声」が聞こえてきてしまうのである。

先日の君たちのコメントにも、そのことについての指摘がいくつかあった。

「学ぶ」はすでに創造された文化遺産の再創造だと、プリントにありました。たしかにそうかもしれません。しかし教育現場は、このことを知らない人たちばかりでした。たんに「覚える」というだけで、私自身ミニチュアしかつくらなかったという印象が残っています。

経2　O・M

マスメディアが発達して子どもたちは活字に触れることが少なくなっているとよくいわれる。そのために子どもたちの想像力や、ひいては創造力が弱まっているという。たしかに私たちはテレビというものを通して、すでにつくられた物語、すでに出来上がったイメージを見て楽しむ。自ら物語をつくろうとせずに、その型にはまりこむのだ。

これでは〝自分の世界〟というものはつくれず、個性のない、ありふれた、無気力な人間が生まれてくると思う。「つくる」という行為は人間の本質としてあるもので、これをなくしたら、人間の意味とか価値というものが無くなってしまうのではないか。

経ネ　米田有香里

情報化社会と呼ばれるなか、さまざまな情報が毎日、テレビ、ラジオ、インターネットを通じて入ってくる。現代人は、この情報を知識と勘違いしているようである。

私は田舎そだちのため、自然や地域の共同体を通じてさまざまなことを経験してきた。自分で実際に体験し、発見をして、痛みや喜びを感じるなかで、それははじめて自分の知識として身体に吸収されていくものなのだろう。

今日ではテレビ、ラジオで流される内容を鵜呑みにして、それで十分ということになっている。そんな環境でそだつ子どもたちを見ると、可哀相になる。

史2　T・D

人間はテキストを産出する動物だ。テキストを産みだす力を育てることは、人間の教育のもっとも重要な環をなしているはずだが、今日の教育は、逆にそれを破壊するものになってしまっているのだ。

フレネ教育やパウロ・フレイレの成人識字教育、あるいは日本の生活綴り方は、いずれも、学習者を「語り手」にする、という共通の志向を示している。人間の教育ということを考えるとき、人間を、テキストを産みだす存在として捉えることがきわめて重要になっていく。生きるということは、たんに生きるということではなく、それを「物語」に、物語というテキストに、「織り上げて」いくことでもあるからだ。

そのこととかかわって、F・Hさんのエッセイの、もう一つの重要な論点に触れておかなければならない。どんなに創造的な読みであっても、それは疑似体験であって、けっして実体験にとって代わりうるものではない、という指摘である。

そのとおりだと思う。だが、誤解してはならない。実体験こそが「本もの」で、疑似体験はその消極的な代替物にすぎない、などと、彼女はいっているわけではない。実体験を持ち上げて、「読む」「想像する」という疑似体験の価値を否認しているわけではない。逆だ。疑似体験であるからこそ、読書は「面白い」のだ。この「面白さ」を抜きにしたら、人間の生はなんと貧しいものになってしまうことだろう。

にもかかわらず、F・Hさんは「読む」こと、「想像する」ことは、あくまでも「仮想の世界」のことだ、ともいう。「実際に〈見る〉こと、〈聞く〉ことの方がはるかに重要なのだ」ともいう。

ぼくは、それをcontext（文脈）という言葉で言い表したいと思う。conは「～とともに」という接頭語である。テキストに、そのテキスト以外の何かが随伴することによって、読むという行為ははじめて豊かなものになりうる、という事情が、その言葉によって示されているのである。現実の体験は、テキストを「読む」ためのcontextを構成している。逆もまた真で、自分の生を一つの「物語」として「読もう」とすれば、「読書」をとおしてふれる他人の物語が、自分の「実体験」を解読するためのcontextを提供することになるだろう。

読書と実体験は、たがいにtextとなり、contextとなって、人生を意味深いものにしていくのだ。

どこかの国を旅行すれば、その国についての本を読みたくなるのは、当然だろう。たとえば、スペインを旅行した。以来、ガウディやロルカ関連の本を読み漁るようになった、としよう。この場合、スペイン旅行という実体験が、ロルカを読む一つのコンテキストになっているわけだ。一方、ロルカの作品の読書によって、旅の記憶はさらに鮮明なものになっていくだろう。

もちろん、旅行ばかりではない。大小さまざまな私たちの現実体験は、読書のためのコンテキストを形づくっている。このコンテキストが、人を読書へと向かわせるのだ。

近頃の学生は本を読まない、とよくいわれる。ほんとうにそのとおりだと思う。だからといって本を読めとすすめても、それは無意味だろう。本の読み方が貧しければ、本を読んでも楽しくはない。本というものは、本の力を解き放つ何かが読者のなかになければ、ただの紙屑にすぎない。本だけをすすめても、ほんとうの本好きは生まれない。本を面白く読むためには、本を読むためのcontextを耕していくことが重要なのだ。

学生が本を読まない、という事態は、深刻な事態だ。本を読まない、というそのこと自体が深刻なのではない。本を読まなくてもすむような人生しか生きていない、というそのことが深刻なのだ。

藤田省三は、「今日の経験」という論文の冒頭で、つぎのようにのべている。

「精神的成熟が難しい社会状況となっている。すっぽりと全身的に所属する保育機関が階段状に積み上げられたような形の社会機構が出来上がっていて、成熟の母胎である経験が行われにくくなっているからである」

一つの保育器から他の保育器に移行するときには激し過ぎるほどの競争試験が課されるけれども、そこで試されることはといえば、あらかじめ決められた一定の鋳型を満たす能力の有無だけであるから、「物事との自由な出遭いに始まって物や事態と相互的に交渉する〈経験〉の発生する機会が大きく閉ざされている」というのだ。いったん保育器に入ってしまえば、その成り行きが一人ひとりの存在をすべて決定すると考えられているから、保育器への帰属感や忠誠心は強烈で、各人はそのなかでははげしく「がんばっている」のだけれども、未知なもの、統御不能なものとの出遭いをとおして、自分を試練にさらしていく自由な「経験」からは決定的に隔てられている（藤田『全体主義の時代経験』みすず書房）。

本の文化の衰退は、こうした「経験の消滅」と密接に関連しているだろう。

だが「経験の消滅」を嘆いてばかりいても仕方がない。どんなに貧しい、衰弱した経験であっても、そこから出発するほかはないのだから、その荒れ地をどう耕すかを、私たちは考えていかなければならないだろう。私たちは「読む」「書く」という行為を、そのこととの関わりにおいて問うていかなければならないのだ。

くりかえして言えば、生きるということは、私たちの日々の経験や出来事を自分の「物語」に組み込んでいく営みでもある。私たちは生涯にわたって、自分の人生を、一つの物語に、一つのテキストに変換しているといってよいだろう。経験の意味は、それを語りテキスト化することによって、明らかなものになっていくのである。

テキスト化とはいうものの、その「テキスト」は、かならずしも文字で書かれるとはかぎらない。だからテキスト化というよりも、フレイレに倣って、「コード化」もしくは「コード表示」と呼ぶほうが適切なのかもしれない。語ることも、絵を描くことも、演ずることも、すべて経験をコードで表記する行為は、広い意味での一種のテキスト化なのだ。

私たちは、「経験が行われにくい」時代を生きている。しかし経験はまた、そのコード化をとおして「発見」していくものでもある。経験とそのコード化は、相互的に作用しあう。書くことによって、そして読むことによって、私たちは経験を発見し、また経験を豊かにする。

本を面白く読むためには、豊かな実体験が必要だが、実体験を豊かなものにしていくためには、本を読むことも必要なのだ。これは循環論法ではない。本と現実、テキストと実体験との往還の重要性をいっているのである。

どんなに大きな経験をしても、その経験を放置しておけば、それは時間とともに風化していくことになるだろう。反対に、どんなにささやかな経験であっても、それを言葉化し、コード化して、そこにふくまれた意味を汲み尽くしていけば、それは巨大な広がりと深さをもった経験と化していくだろう。

テキストを産みだす、ということは、すでに得た経験を表出するだけでなく、その表出行為をとおして経験をつくり出していくことでもあるのだ。

最後に、議論の本すじからは離れるが、「読む」ことにかかわって二つのことを注記しておきたい。

テキストを「読む」ということは、そのテキストについての「自分の解釈」をつくるすぐれて能動的な活動であることを先に述べたが、このことはけっして恣意的な解釈が許されるということではない。言葉というものは個人の恣意では変えることのできない社会的な約束事としてあるもので、そのルールに従って書かれたテキストを、そのルールに従って解読する、という意味では、テキスト行為はけっして無制約なものではありえない。正解到達主義は不毛だが、さりとて野放図な主観主義や相対主義に陥ってはならないだろう。テキストとは、他者なのだ。

同時に、「〈読む〉ということは、作者が創りだした世界に近付こうとすることであり、それを理解しようとすることである」というF・Hさんの考えにも、ぼくは疑義をもつ。

テキストを読むということは、作者の世界観に近付くことなのだろうか。

作品というものは、しばしば作者を裏切り、作者の意図や世界観をこえて横溢するものだ。作者はけっして完全にはテキストを領導しえないのだ。作者の意図という国語教師たちの決まり文句は正解到達主義と直結して、文学作品を「聖典」化してきた。

テキストはつねに多くの矛盾や破れ目をふくんでいる。だから面白いのだ。テキストは他者として読み手のまえにあるが、同時に、すぐれたテキストであればあるほど、それは読み手の介入に対して開かれている。だから読書は知的な遊びたりうるのだ。

7 もう一つの時間のまえで

——「学びと文化」99年1月19日

先週のレポートのいくつかを紹介し、ぼくの感想を述べたい。

例年のことだが、レポートのなかには、ぼくだけで読むのではもったいないと感じさせるものが多い。そうしたレポートは、できるだけ他の人にも読んでもらって、みんなのものとして活かしたいと思う。というわけで番外編として今日も授業をすることにしたのだが、とりあげたいレポートは多く、全部を紹介することは難しい。以下は氷山の一角で、このほかにも問題提起に富んだレポートがひじょうに多いことを、あらかじめ言っておきたい。

ぼくの感想から書くと、はじめにエッセイを書いてもらったときと比べると君たちの考えは目に見えて深まっていると感じた。ぼく自身、読んでいてはっとさせられたり教えられたりすることが多かった。いまの学生に「物足りなさ」を感じていると、授業中に言ったりしたが、若さというのは強いバネをそのなかに秘めているのだということをあらためて思い知らされた。自分の殻を破って、新しい世界を開いていく力は、けっして衰微しているわけではない。そのことに、君たちも、またわれわれ教員も、もっと自信と信頼をもってよいのではないかと思った。

レポートのなかには、ぼくが授業のなかで伝えたいと思っていたメッセージをストレイトにうけとめてくれているものもあり、またそれをずらしたり、いくぶん批判的に変形して自分自身の考えを練っているものもあって、どちらも、ぼくにはひじょうにありがたいものであった。前者のなかから二つを、部分的にではあるが紹介したい。「うけとめる」ということは、けっしてぼくのメッセージを鵜呑みにするということではなく、それを自分の問題として追—思考することだが、そういうこともふくめて、よくこの授業の主題をうけとめてくれたな、と思う。

ぼくのとりあえずのコメントを末尾に付記します。

私はこの授業を受けて自分の中にある「学ぶ」についてのイメージが大きく変わった。私は「学ぶ」ということは、いろいろなことを経験したり、多くの本を読んだり、数学で言えば公式をおぼえたりすることであると思っていた。要するに「学ぶ」とは知識を増やし、蓄積すること、それを自分なりに解体し理解することであると思っていた。

しかし私はこの授業を受けて、大きなものを見落としていたことに気づかされた。それは私は今まで増やしてきた知識をつかって何かを「つくる」ことをしていなかったということだ。この授業で度々いわれていたことだが、「学ぶ」ということは「ある面において自分を壊していくことだ」ということに私は自分の中にある「学ぶ」を一歩前進させることができる鍵を見た。

単に自分の中に今までつみあげてきた知識や経験を解体させるのではなく、その解体された状態から何かを「つくる」ことが重要なのだと思った。たとえて一つあげるなら「自分の世界」を壊し、そして構築することが「学ぶ」にあたるのだと思う。このようなことを通じて「自分の世界」を開き、そして広げ、強いものにする。これが「学ぶ」だと思った。このようなことを繰り返すことによって「自分の思考」が創造されるのだ。

以上のように私の中の「学ぶ」はより高いものになり、難しいものになったと思う。しかし私は今までのようにいろいろな経験をし、多くの本を読み、多くの知識を得たいと思う。ただ今までのようにこれらを「暗記」にとどまらせることなく、経験、知識、思考を分析・解体し、それを再構築していくうえで自分を壊し・自分をつくることにはげみ、「学ぶ」ことの根底には「つくる」ことがあるということを忘れずにいきたいと思う。

経済2　板羽　恒

コメント

四月から専門課程がはじまる。たんに知識を蓄積するだけではなく、「つくる」「構築する」という仕方での「学び」を、今度は自分の専門のなかで追求して欲しい。これからは一般論ではなく、具体的な素材で、自分の世界を広げていくことになるわけで、きっと充実した二年間を過ごすことができるだろう。

学ぶことを学ぶ、学んでいる自分を学習材として学ぶ、という行為をじっくりやってみると、今まで見えてこなかったものが見えて、学ぶということについて自分の中で新しい考え方が、というか、新しい視点がでてきました。

「学ぶ」ということの本質は、世界を知ることのさらに先にあるものだということ、いろんなことに触れて、触れたことによって自分が変化すること、そこから自分を探すこと、それが「学ぶ」ということなのだと考えました。

私はずっと、学ぶことを、知識にしろ何にしろ、何らかのものを自分が外部から摂取するという形でしかとらえていなかったのではないか、と思いました。内的動機づけがある行為にしろ、ただ受け身な行為にしろ、結局は摂取することが学ぶということだという形しかなく、その先にあるもの、外からのベクトルではなく、自分の中で起こる「自分づくり」みたいなものには考えがおよんだことがなかったのです。読むことも書くことも、学ぶこととは密接に関係する行為だけれども、問題は、その行為の質と、その行為をしたことによって自分の中で起こることなのだと。

今の社会では、本当に学ぶことが起こりにくい。誰もが、膨大なものに触れられるし、多くの体験を得られるのに、本当の学びができない。これはその学びに先立つ行為の質の問題で、それらが人間を測る材料になり、その行為(知ること、読むこと、書くことなど)のできを競う形はもはや日本では確立しているし、それによって好奇心も起こらなくなるし、ただただ知識や受験のために能力を蓄積するだけで、どんなにいろんなことに接しても、今はそれができるかできないか、覚えているかどうかが重要で、そこから先がない。私もそうして今まで来てしまいました。その「学び」のゆがみから発生する労働=苦、遊び=気晴らしの関係を、あるときからずっと考えていて、労働が報酬のためのものになるということは、学びが報酬のための勉強となっているという状況が変わらなければ、解決のないことだと思えて、この不健康な形はどうしたらいいのか、人間として幸福でないこの形は何なんだ、と、自分がこの先直面するであろうこととも照らして考えているのですが、答えは出ません。社会はこのシステムで動いているし、たとえどんなに不健全な感じに思えても、この形でしか今の社会はまわらないのかと思ったり、ぐるぐるまわるだけです。ただ、学びを考えたからこそ、見えたものなので、自分の学びとともに考えていきたいと思います。

外国語文化学科2　N・K

たんに知識を摂取するだけではなく、そのことによって「自分の中で何が起こるか」が重要なのだ、という指摘は、まったくその通りだと思う。

そういう学びが起こりにくいいまの社会システムにも、N・Kさんは言及している。自分づくりとはいっても、その「自分」は良かれ悪しかれ社会のなかの自分であるほかはなく、しかも、その社会は深く病んでいる。だからなかなか「答えは出ない」のだが、にもかかわらず、こういうことはいえるように思う。

ほんとうの学びをつくりだしていくということは、自分だけの行為のように見えるけれども、それは同時に社会にたいする一つのはたらきかけでもあるということだ。環境は人間をつくるけれども、その環境をつくりだしていくのは人間なのだ。学びを不健全なものにしている社会にたいする抵抗として、私たちの一人ひとりが自分の自由な学びを追求していくこと、そのことがないと、つまりそういう人間の「動き」がないと、社会や文化はいつまでたっても変わらない。一人ひとりの人間がつくりだす小さな渦巻きが大事なのだ。社会を変えるなどというと大変なことのように思われてしまうが、自分のまわりの、たとえばこの大学の、この教室にしても一つの社会なのであって、このような小さな社会の文化を少しずつ変えていくことが重要なのではないだろうか。システムや制度を変えなければ、学びのあり方を変えることができない、と考えるとすれば、それは主体放棄だと思う。

一人の人間の存在は小さなものだけれども、その実存は全世界に拮抗する重さをもっているのだ。

「読む」「書く」についても、何人かの人が、面白い指摘をしてくれている。論のたてかたや概念にこめた意味内容は少しずつ食い違っているが、それぞれ、挑発的な問題を提起している。

四つの動詞のうちの二つを選択した。

一つは「学ぶ」、もう一つは「書く」だ。結論からいうと、①「学ぶ」は生きること、②「書く」は考えることだ。①は、結論めいてしまうが、文字どおり、生きていくことが学ぶこと、学習していくことに他ならないからだ。

ひとは生まれ落ちた瞬間から、適応能力の名の下に、学習をおこなっていく。赤ん坊のすること、はいはいしたり歩き回ったりすることは、目新しいことの発見につながっているだろうし、泣くこと、むずかることも未知なるものへの抗議だろう。そうしたことを通して未知のものを既知のものにしていく「生きる」という過程そのものが、イコール学ぶになっている。

だが成長するにつれて、そうも単純にいかなくなっていく。生きると学ぶが直結しなくなり、いろいろ煩雑なことがふえていくからだ。
②は、紙に書く以前に（パソコンも同じ）やらなければならないことがある。それは、頭の中で思い描くことだ。有り体に言えば頭をつかうということ。自分が所有している情報を選択し、整理する。そして次の段階が文字どおりの「書く」になる。
最後に大結論。
①と②を合わせたら、どうなるか。それは「人として生活していくこと」になる。

法1　K・F

読むということもそうなのかもしれないが、とりわけ「書く」という行為は、いってみれば余計な行為であって、それがなくても、人間は生きていくことができる。

学ぶという行為は、それに比べるとより本源的な行為で、「生きる」ことと密接に結びついている、と、K・Fくんは考えている。

「私が最近思うのは〈学ぶ〉ということを具体的に述べることはできないということだ。〈学ぶ〉は〈生きる〉にどこか似ている」と、経済二年の大塚由樹世さんも書いているが、環境がなげかけるさまざまな挑戦や試練に応答し、悩んだり喜んだりしながら生きていく過程そのものが「学び」の過程だ、ということだろう。

それにたいし、書くは、生きる営みを一歩つきはなして振り返るようなところがあり、それをK・Fくんは「頭の中で思い描くこと」と表現している。

この余計なものがつけ加わることによって、たんに生きるのではなくて、「人として生活すること」が可能になる、ということだろう。

史学科のS・Sさんは、K・Fくんとは逆に、「書く」や「演ずる」ことを統合したより高次な概念として「学ぶ」を考えているようだ。日常的な行為を対象化するそうした「特別な」行為によって、人間は、自分を壊しながらより自由な自分をつくりだしていく。「学ぶ」には、そんなダイナミックスがはたらいている、というのだ。これは可能性であると同時に、また一つの罠でもあるだろう。「特別な」行為であるがゆえに、「学び」は、しばしば「生きること」から乖離していく。K・Fくんがいっているようなことが、起こってくるのだ。「学ぶ」ことは、根っこを失った能力競争のようなものに変質してしまう。

「読む」ということを論じながら、小島依子さんはつぎのように書いている。

私は幼い頃から本を読むことが好きだったので「読む」という行為を、何かを「学ぼう」としては、ほとんど意識しない。読書をする習慣のない人から、「偉いね」というようなことをよくいわれた。そういうとき、その人が自身を卑下するような調子で話すことが気になった。私自身、文章を読んでいることで、何かに優位に立ったような、安心感にも似た気分になってしまう。私は何に対して優越感をもったのだろう。読むことで何を学んできたのだろうか。

私たちの世代では、よく活字離れについて新聞やテレビなどでとりあげられた。逆にそのせいで、小学校から高校まで学校教育側が積極的に読書をする機会を与えてくれた。たとえば課題図書、読書感想文、コンクールへの参加である。ゆえに、それほど読書をしていないわけではないのである。しかしこんなに環境はととのっているのに、日常の楽しみとして読書をする人は増えてはいないように思う。

ふりかえって見ると、学校の読書の課題は、精神的につらいものが多かった。読まないと単位をあげません、と言われて読む本から学びとれたものといえば、忍耐力くらいであった。本好きな人間でもこう感じるのだから、そうでもない人にとっては、それはそれは相当なものであっただろう。このようにして読むということは、とてもかしこまったものとしてイメージされ、それを好む人に対して何だかかしこいような錯覚をおこさせていると思う。これはとても皮肉な結果ではないだろうか。

しかしもちろん、本からはたくさんの知識を得ることができる。そしてその知識は、生活の中で、応用として非常に便利なものである。たとえば会話をするとき、美術作品を見るとき、知っているということは私たちの心にゆとりを与えてくれる。経験不足を知識で補うことができるという点で、読むことは生きることに大変にかかわってくる。私が感じた優越感は「人よりも知っている」というところからきていたのだと思う。読むことから生活を豊かにすることを、私は学んだ。

それでも、「読む」=「知る」ではないと思う。「体験」が伴わなければ、それはとても薄っぺらなものになってしまう。読書ばかりしてきた私が、そのことをひそかに誇っていた私が、愕然としたのは、高校のときの卒業文集を読み返したときである。文章力を最大限に使って書いた私の文章は、たしかに上手くまとまっていた。しかし友人の、バレーボール部について書いた、三年間、自分がどのようにがんばって、どんなふうに大変だったか、しかしとても充実していた、というありふれた内容のはずの文章にかなわなかったのである。彼女の文章には体験が反映されており、私のにはそれがなかった。内的なものに依存しすぎたことに気づいた。

読むことは、生活において重要な位置を占める。だが、決して生活そのものではない。あくまでも現実の補助として、それを持つものだと思う。そして、外的生活とのバランスをとってこそ、「読む」行為の長所は生かされるのだと思う。

日文2　小島　依子

読むについては、外文のM・Mさん、日文のS・Kさん、経済ネットのY・Tさんなどが、それぞれ興味深いレポートを書いているのだが、残念ながらここには載せきれなかった。

この講義をとおして「自分の中に起こったこと」を書いてくれた人のものを二つ。学ぶ、書く、ということの意味を、あらためて考えさせられる文章だ。


この講義をうける以前は、自分の好きな分野のことについて自らすすんで調べ、知ることこそが「学び」であって、自分にとって興味のない分野について、いやいややる（やらされる）ことは、「学び」ではないと思っていた。

実際、大学に入ってからも、「どうして考古学を学びに来たのに、考古学以外の講義にでなくてはいけないのだ」と、思っていた。自分にとって考古学以外の講義は「学びの対象」ではなくて「単位をとるための手段」でしかないと思っていた。この「単位をとるためのもの」という考えは中・高のときからずっともっていた「学校に入るため、テストでよい点を取るためだけに、多くの時間を費やし、丸暗記するだけにすぎない（しかもすぐに忘れる）数学・化学の勉強が一体何の役に立つのか」という考えをひきついだものである。偏差値教育の下、数学や化学は自分にとって「学びの対象」ではなく、あくまでも手段にすぎなかった。

この講義を通じて「学び」にたいする考え方も変わった。それは、なにをやるにしても、はじめから「意味のないもの（こと）」「つまらないもの（こと）」として否定するのではなく、とりあえず「興味の対象」として接してみようと思えるようになったことである。数学や化学、考古学以外の講義を「ある目的の手段」としかみなせなかった（みなせなくなった）のは偏差値教育という学歴社会の中で育ってきたからであろう。しかし、自分の好きなこと(もの)以外に心をとざすということが、その好きなことすら充実させられないということに気づいた。たとえば考古学以外の分野にも関心を持つことが、考古学、さらには今後の人生の中においてかならず意味のある、充実したものになるという考えにである。いくら育ってきた環境が原因とはいえ、さまざまなこと、ものに、興味・関心・疑問をもつことをやめることは進歩のない、つまらない人生を歩むことになるであろう。

人間は本来、「知的好奇心のかたまり」のような存在であるはずだ。小さい頃は目にするもの、手に触れるものの全てが「興味・関心・疑問の対象」だった。その興味・疑問の下、さまざまなこと(痛み、喜び、楽しみ)を発見してきた。学んできたのである。それがいつからか自分は「学ぶ」ことをやめてしまい、「手段」のために、さまざまなことにいやいや取りくんできた。そして自分にとって「好きなもの(こと)」「嫌いなもの(こと)」という枠組みをつくりあげてしまった。これからは何事にも興味・疑問をもって、接していこうと思う。そうすることによって新たな発見をし、自分の世界を広げ、より充実した人生が送れるだろうから。

「学ぶ」とは、「新しい世界を発見する喜び」ではないだろうか。

史2　T・D

コメント

自分の専門だけではなく、さまざまな分野について学ぶことが必要だと、ぼくは考えていて、だから一般教養の授業にはそれなりに力を入れているのだが、一つ難しいのは、学ぶことの意味や根拠が納得できぬままに、多様な分野の講義を受講しなくてはならない、ということだ。

思考の幅を広げて、ものごとを意味づけていく力を高めていくということが教養総合の目的だ。いまの教養総合が、そういうものとして君たちのなかで機能しているかどうかはかなり疑問だが、しかし、この目的自体は学問をしていくうえで不可欠なものだ。いまの受験教育のうえに専門教育が接ぎ木されたら、その結果はかなり惨めなものにならざるをえないだろう。

いまの制度の趣旨をなんとか生かして、目的に近づいていきたいものだと、ぼく自身は思っている。それはともあれ、T・D君も四月からは専門課程で、これからが大学教育の本番だ。ものごとに対して開かれた関心をもつことは、おそらく、考古学を学んでいくうえでも決定的に重要だろう。広い視野と創造力、思いがけないところに着眼する力、そうしたものがとりわけ考古学のような学問ではつよく求められるのではないだろうか。これからは専門の分野で、そうした力を大いに培って欲しいと思う。

Y・Mくんのレポートはかなり私信めいたものだから、公表してよいのかどうか判断をためらうが、すでに授業中の文章を引用させてもらっており、何人もの人がかれに共感のコメントを寄せているので、その後のかれの思索の文字どおりのレポートとして紹介させてもらうことにする。このレポートは他の人にとっても励ましになる内容を多くふくんでいると思う。

僕は十一月十日のプリントでコメントをのせていただいたY・Mです。今回はそのときの自分のコメントをふまえた上で、「学ぶ」をもう一度考えてみたいと思います。

「学ぶ」ということに関して、いま現在の自分がそれを頭でなく心で理解し、行なっているかというと、まだ自信をもってYESとはいえません。しかし多少ながら、あのとき僕がいだいていた「現実」と「夢」との間で揺れ動く心のくもりを晴らすことができました。

あのコメントでの僕は自分が持ちつづけた「夢」にとって「カネとか地位」のためにとりあえず通っている大学は何の意味ももたないと考えていながらも、社会というワク組にはまるように流されている自分に大きな疑問をいだいていました。でも今はその考えはたんなる「甘え」でしかなかったのだと思っています。「学ぶ」は確かに第三者によっておしつけられたり、与えられたりしたものをこなす行為ではありません。だからといって自分が楽なことだけを選択してこなすのも「学ぶ」という事ではなく、たとえそれが苦しく、つらい事だとしても、自分自身で必要とし、また、見つけたものならば、最後までやりぬくことが「学ぶ」のだと思います。

確かに自分自身が幼い頃から思い描いてきた「夢」と大学には今も、明らかなつながりはありません。正直、夢を追える時間はどんどん過ぎていっているので焦りもあります。でも理由はどうあれ、大学に行くことを選択したのも誰でもない自分なのです。「カネとか地位」だけのためでなく、他に心のどこかで大学を必要とし、行きたいと望んだ自分がいたのだと思います。いや絶対にいたのです。

「学ぶ」=自由+責任。それが僕の得た答えでした。あのコメントのときの僕の「学ぶ」には自由はあったけれども、それにともなう責任が存在していませんでした。もちろん、それでは「今の君に責任はともなっているのか」と問われても困ります。「学ぶ」とは、その人が人生をいかに生きてゆくかだとも考えるので、自由と責任の両方をもてるとき、つまり本当に「学ぶ」を実感できるときは、これからの僕次第なのだと思います。

これからも僕は自分の夢を大切にして、そして精一杯追い続けたいと思います。また大学についても、あのときの自分が心の中で欲した何かを残りの時間で見つけ、そしてそれをやりぬきたいと思います。きっと僕の場合は、「夢」と「大学」は互いに何かを与えあって、＋の方向に導きあうものであることを信じ、最後にそれが「あった」と思えるように。

最後に先生に感謝したいと思います。この講義があったおかげで今までうやむやになっていた気持ちがすっきりしました。きっと他の受講生のコメントや先生の言葉、そして自分の気持ちを文章として形にすることがなければ、きっとだらだらと流れるままに後悔をしていたと思います。――そもそも、この講義をうけようと思い、うけたことが「学び」の始まりだったような気がします。

経2　Y・M

大学の時間というのは、使い方しだいで、ずいぶん異質なものになっていく。お互いに力を出しあって、ほんとうに来てよかったと思えるような大学生活の内実をつくりだしていこうではないか。大学はあらかじめあるものではなくて、ぼくらの一人ひとりによってつくりだされていくものだろう。私たち一人ひとりの学びが深く豊かなものになれば、そのことの結果として場はおのずと豊かなものになっていくのだ。

【注】できるだけ実名でと思っていたのですが、匿名希望者と、連絡をつけることのできなかった卒業生のエッセイは、筆者名をイニシアルにしました。

エピローグ
人は考える「能力」があるから考えるのではない

一月のすえに中学生がナイフで女性教師を刺し殺すという事件があって、その後、東京での警官刺殺事件、子ども同士の殺人事件など、ナイフをつかった少年犯罪が相次いでおこりました。ナイフを携帯することが、一部の子どもたちのあいだでは、ある種のファッションになっていたようです。この事件の後、多くの学校が生徒の所持品検査をおこなうようになりました。

ナイフを持たせない運動、という言葉をきくと、私のような年代の者は、三十数年前、社会党の浅沼委員長が暗殺されたときに、おなじようなキャンペーンが行なわれたことを反射的に思い起こします。あの後、「肥後の守」が子どもの世界から消えて、安全な鉛筆削り器がそれにとって代わるのです。

子どもからナイフを取り上げることによって、この種の流血事件が減ると、みなさんは、お考えになりますか？

子どもから「肥後の守」を取り上げたことは、ほんとうに愚かしい行為であったと、いま振り返っても、そう思います。木切れを、削ったり、切ったりすること、制作行為の基本ともいえるそうした活動が、子どもの日常の遊びから、すっかり消えてしまったからです。

だから今度のキャンペーンにたいしても、またか！ と、私はまず感じてしまうのですが、しかし考えてみると、いまの子どもたちにとってのナイフと、かつての子どもたちにとっての「肥後の守」とは、根本的に意味の異なるものになっているのかもしれません。アメリカでは、毎年、二万人以上の人が、拳銃で命を落としています。とりわけ一九八〇年代に入って、青少年の拳銃による殺人事件が急増しています。学校の雰囲気になじめない、社会ののけ者と見なされている生徒たちにとっては、拳銃は、しばしば自分の分身になっているのです。「オレを怒らせるなよ、この拳銃が火を噴くぞ」というわけです。子どもにとってのナイフは、ものをつくるための道具というよりも、他人を威嚇するための拳銃と、いくぶんか似たものになっているのではないでしょうか？

子どもからナイフを取り上げたら、おそらく流血事件は減るのではないかと、私は憶測しています。そう思えることが、じつは大問題なのです。ナイフを持つか持たぬかが、ことがらの核心であるとすれば、それはあまりにも惨めで、恐ろしい事態ではないでしょうか。自分とは、つまりは性能のよいナイフを持つ自分であり、その鋭利なナイフが暴発して、思わず人を殺してしまう。そんな仕方で直結していく「もの」と人間のありようのなかに、何か大きな問題が示されていると思うのです。薄弱な自我と、それを補填する銃やナイフ。この取り合わせは、小さな暴漢たちに固有のものとは思えません。

物騒な話題ばかりを並べるようで、ちょっと恐縮するのですが、もしかすると、知性や能力というものも、子どもにとっては、ナイフや拳銃のようなものになっているのではないか、と思えるフシがあります。子どもにとって、というよりは、まず第一に、大人にとって、というべきでしょうか。

ナイフをふるう少年たちのおそらく対極に位置づく学校文化の優等生たちを、私は念頭においています。自分には能力があるから研究者になったとか、能力があるから官僚になったとか自負している人が、もともと「エリート層」のなかには多いのですが、この自負、もしくは思い上がりが、近ごろでは目に余るものになっているのではないでしょうか。自分が持っているナイフの切れ味を自他に向かって証明するために、研究者になったり、官僚になったりする若い人が多くなっていると思うのです。関心は仕事そのものにあるのではなく、ナイフの切れ味にあるのです。これは学校の選択についてもいえることです。偏差値が高いというただそれだけの理由で、進学先を決めてしまう人が、優秀といわれている高校生のなかには、意外に多いのではないでしょうか。

学校文化から落ちこぼれた子どもたちがナイフにしがみつくことと、学校文化の優等生たちが「能力」といわれているものにしがみつくこととのあいだに、本質的な相異はありません。どちらにも、「自分」が、活動のなかで形づくられていく自分のアイデンティティが、欠落しています。

人間は知る(思考する)動物である、と定義したのは植物学者のリンネでした。他の動物とはちがって、人間には、生来、思考する能力が備わっている、というわけです。スペインの哲学者のオルテガ・イ・ガセッが、このリンネの捉え方に猛然と噛み付いています。私は(かなり一面的にではあるのですが)オルテガの言説を呼び水にしてものを考えることが多いのです。人間の存在のありようを考えるうえで、かれの指摘はいつも刺激的です。

鳥は空を飛ぶことができるし、魚は水のなかを泳ぐことができます。同じような意味で、人間は思考することができる、と私たちは考えてしまうのですが、そのように生物学的な特性を実体化し、そこから人間の行動を説明するやり方に、オルテガはつよく反対するのです。

思考すること、それゆえに相対的に環境繋縛性を免れていることが、人間存在のもっとも重要な特質であることは、あらためていうまでもありません。人間以外のすべての生物は、その生物ごとに与えられた一定の環境に、ぴったりとはめこまれて生きています。ある生物の形質と、その環境とは、相互に適合的で、そうでない場合は、その生物は死滅していきます。生存競争から脱落していくのです。人間も、それなりに与えられた環境のなかで生きていることに変わりはないのですが、しかし、人間は、世界からすこし身を引いて、世界について考えることができる、そしてある程度まで自分で世界との関係を決定できる、という点で、他の生物にない特徴をもっています。人間は事物のあいだにとじこめられてそれに完全に隷属しているわけではないのです。人間は、より開かれた仕方で、世界のなかに存在しています。

そのことを認めたうえで、というよりもそのことを重視するがゆえに、オルテガは、あえて「ホモ・サピエンス」という観念をつよく否定するのです。私たちは考える能力があるから考えるのではない、知る能力があるから知るのではないと、オルテガはいうのです。能力がどうあれ、思考せざるをえない、認識せざるをえない状況のなかに投げ込まれて生きるのが、人間なのだと、オルテガはいうのです。人間のあれこれの能力は、人間がからくも持ちこたえている不確かな取得物で、世界のなかでの人間の存在のありようが崩壊していけば、それとともにたちまち雲散霧消してしまうようなしろものなのだ、と。

その持っている資質や能力によって人間を定義することなどできません。なぜならこれらの能力や才能が、その名前の意味しようとするものを達成できるかどうか証明されているわけでもないし、したがって好むと好まざるとにかかわらず人間が手がけているところの恐ろしい仕事に、それらが適切なものかどうかがはっきりしないからです。別の言い方をするなら、人間は認識する能力、知性その他があるというだけの理由で認識したり知ったりすることに努めるのではなく、実はその反対に、認識したり知ったりしようとする以外に手がないので、利用できるあらゆる手段を、たとえそれらが当面の必要のためにはほとんど役に立たなくとも動員するのです。……だから人間の知性が実際に知性であるとは言えないのです。むしろ人間がどうしようもなくまきこまれているところの課題——これこそ疑いえないもの——が、人間を定義するものなのです。

（『ガリレオをめぐって』アンセルモ・マタイス、佐々木孝共訳）

人間を定義するのは、能力ではなく、課題である、というオルテガの言葉は、疑似生物学的な「能力」信仰にたいする批判として、たいへん示唆的です。人間を機能としてしか捉えようとしない能力主義社会の下では、能力とよばれているものは、たんなる性能に矮小化されているのです。この「能力」信仰のもとで、人間は人間に固有な課題を見失っていきます。課題を見失うことによって、その課題に向かって発動されるべき能力をも、結果的に空洞化させてしまっているのです。なるほど「有能」ではあるが、一人の人間として思考し、判断することのできない専門家や、テクノクラートを、私たちの社会は大量生産しています。

私たちは、自分が何を課題とし、何をおこなうかによってではなく、自分が何を持っているか、どんな能力、どんなナイフを持っているかによって、自分を定義してはいないでしょうか。自分がおこなうことは、他律的な動機にうながされた、どのつまりは自分の能力の自他に向けての証明でしかないのです。能力が独立変数となり、人間の行為は、それに応じて変化する従属関数になっていきます。考えることすらもが、考える能力の証明に堕してしまうのです。

もしも学問が、アタマの良さを誇示するだけの学問になっていくならば、それは学問の堕落でしょう。モティーフが希薄な、小手先だけの研究が氾濫することになります。また目的や社会的な意味を不問に付した危険な研究が横行します。学問だけの問題ではありません。ナイフの性能だけが問題になっていく社会は、ナイフが凶器と化する社会なのです。

考えることが、考える能力、つまりは知能の存在証明であるとすれば、考える能力を持たない者は、考える資格も、必要もない、ということになっていきます。「考える」ことを放棄した人間は、もっぱらナイフと銃で世界に反応することになるでしょう。

考えるということは、しかしそういうことではないはずです。それは、環境への忙《せわ》しない気遣いから一時的に身を引いて、距離をおいて世界を見つめる「自分」をつくりだすこと、戦術的にいったん周辺世界から抜けだして、あらたな問いと驚きをもってそれと対面することを意味しています。それはすべての人間が、人間であろうとするかぎりにおいて共有する、また共有せざるをえない、普遍的な「課題」なのです。

天与の財宝として人間の思考能力を定義することは、人間が人間になる、という困難で、その成否の不確かな課題から私たちの注意を遠ざけるセイレーンの歌になりかねません。実体的なものはなに一つとして人間には与えられていないのです。「すべては自分で作りあげねばならない」のです。オルテガは述べています。

人間は思考能力を授けられたのではなく、実をいえば、人間は訓練とか教養、あるいは教育を通じて、何千年にもわたる努力を傾けながら、しかもこうした作業をいまだに達成することなく、――それどころではない――少しずつつくりあげ洗練してきたのである。思考能力は最初から人間に与えられたものでないばかりか、現在という歴史的時点においてさえ、われわれが言葉の素朴かつ通常の意味において思考と名づけるところのもののわずか一部を、粗雑な形でしか形成することに成功していない。さらにこの獲得されたわずかな分量でさえも、獲得されたものであって本来的なものではないから、つねに消滅の危険にさらされており、過去において事実何回となくそのおおかたを失ってきたのであり、われわれはいままたそれを失わんとしているのである。世にある他の存在者と異なり、人間は決して完全な形で人間であるのではなく、むしろ人間であるということは、正確にいうなら、いまにも人間でなくなること、死活の問題、絶対にして危険な冒険であることを意味しているのである！　私のいつもの言葉で表現するなら、人間は本質的にドラマなのだ。なぜならドラマが成立するのは、次の瞬間になにが起こるかがわからず、毎瞬間がまさに危機であり戦慄せんばかりの危険であるからである。虎は虎であることをやめること、すなわち非虎化されることはできないのに対して、人間はたえず非人間化される危険のなかに生きているのである。（『個人と社会』佐々木孝訳）

人間は、人間でありつづけることを保障されてはいない、というのが、ここでのオルテガの論旨です。人間は、人間になることへの可能性と同時に、人間でなくなることへの可能性にたいしても、つねに開かれています。この非人間化は、「唯一にして他に譲り渡すことのできない自分自身であろうとする自我」の放棄、つまりは自己疎外もしくは自己喪失という形であらわれてきます。そして、この非人間化の危険が、今日ほど高まっている時代はない、という危機意識が、オルテガの文章には脈打っています。

教育とは、若い世代にたいして行なわれる方法的な社会化であると、デュルケムはいいました。なるほど、教育をほどこす者の立場から見れば、教育とは、子どもを社会に同化し、適応させる営み以外のなにものでもありません。そして歴史上のほとんどすべての教育は、教育をほどこす者の利害と関心にもとづいておこなわれてきたといわなければなりません。

しかし人間は、反面からいえば、この同化を拒絶することによってこそ人間になっていくのではないでしょうか。

ハックルベリーフィンは、アル中の父親の暴力と、ダグラス夫人の「教育」から逃亡して、黒人奴隷のジムと、ミシシッピイの大河を筏で漂流します。この「教育」からの逃走が、かれの学びの過程になっていきます。どこを生活の場として選ぶか、ときかれたボードレールは、「世界の外なら、どこでも」と答えたそうですが、世界の外もまた世界である以上、世界の外とは、結局、自分の内部を措いて他にはないはずだと、オルテガは注釈しています。ミシシッピイの流れの向こうにも、西部のフロンティアにも「世界の外」を見出すことができぬとすれば、世界のなかに場所をもたない別の世界、すなわち自分の内部世界を構築する以外に手はない、ということになります。私は内と外を二分化するオルテガの発想にかならずしも賛同するわけではありませんが、環境への同化を拒絶し、自我という砦を築くことによって、人間は人間になっていくというかれの指摘は、きわめて重要なものだと感じます。単線的に教育されてしまうようでは、人間が、真に自立した人間になっていくことはできないのです。

社会への同化と適応という点で、もっとも高度な効率性を追求した日本の学校教育が、まさにその成功によって、今日の惨状を招来しているのを見れば、それは明白でしょう。方法的な社会化としての教育は、それと背馳《はいち》するもう一つの過程をそこに意識的に内包することによってこそ、自らを実現しうるものなのかもしれません。

着地と離陸——「あとがき」にかえて

今年も日本の大学生とタイの村で数日を過ごした。サコンナコンというタイの東北部のそのまた東北のはずれの森林地帯の村で、農家に民泊させてもらうという、ただそれだけのお邪魔虫旅行である。

今年お邪魔したのはドンヤナンという村で、東北部のご多聞にもれず、田んぼは天水田、地下一七五センチから下は塩の層で、しかも雨季にはしばしば洪水に見舞われるという苛酷な土地柄である。世帯数は一一二戸だが、そのなかの約三割は家族ぐるみで南部のゴム農園に出稼ぎに行っていて、もぬけの殻の家や老人だけがほそぼそと留守を守っている世帯も多い。

出稼ぎに行かずになんとか村で生きていこうとする農民たちの陽気な悪戦苦闘ぶりを、私たちは居候の傍観者としてほんのちょっとだけ垣間見てきたのだが、そうした経験が日本の若者たちのなかに呼び起こす波紋が小さなものではないことを、私は自分の経験則として確信している。人間はこのようにして生きていくのだということを、有無をいわせずに納得させてしまう強烈な力をタイの村はもっていると思う。

日本の、とくに東京のような都会で生活していると、人間が地面のうえで生きているということを実感するのは難しい。与えられた環境的諸条件を徹底的に活かして、自らの生活のかたちを築きあげていく、そういう人間の、というよりも生きものの基本的な姿が、かならずしも直截・簡明には見えてこないのである。タイの農民たちの植物や動物の知識の豊富さにはしばしば圧倒されるが、それは天が与えたものを余すところなく活かしていこうとする、かれらの生活意欲に立脚したものだ。虫も木の葉も水生動植物も、すべてが、農民の食料であり、薬草であり、道具づくりや染織の素材なのだ。

サコンナコンは精霊信仰のさかんな村が多い。森の草木や動物たち、水や土の力のなかに、人は自分たちの生命の根源を見ているのだろう。自分のなかで動いている生命は、自分の外で動いている生命とつながっている。個人はたんなる個人ではない。同じ大地のうえで世代から世代へと受け継がれていく生命の流れの、その一つの節として、個人の生が営まれている、という感覚が、この精霊信仰をささえている。

そうした生活の土台からますます遠くへだたったところで、というよりも、そこから流亡してへだたりを拡大するための通路として、私たちの学びは営まれてきた。日本の学校もそうだったが、タイの学校もそうだった。教育が普及し、村の若者たちは浮き足立った、と、農民運動のリーダーたちは嘆く。

おそらくはそのこととかかわって、私たちのツアーを橋渡ししてくれているサコンナコンの農民組織は、自らの活動の総体を「生活大学」と呼んでいる。大学とはちがって「教室」や「授業」があるわけではないが、生活そのものを学びの場としてとらえかえそうとする企図がそこに端的に表現されている。

「学ぶ」ということ、そして「知る」ということは、(「知っている」ということとは逆に)既知の地平を突き抜ける精神の運動であるから、それは所与の環境への密着をこえた、侵犯と「離陸」への志向をはらんでいる。

日本の大学での私の課題は、学生たちとともに、そうした学びを、——あるいはそうした学びの糸口を、見つけだしていくことで、その確信はいまも揺るがないが、皮肉なことに、その離陸のための旅をとおして、私たちは、着地すること、着地すべき場をもつことの重要さを教えられてきたのだと思う。

帰国便の窓から見た成田周辺の森は、どこもゴルフ場のオンパレードで、この国の荒廃をさながらに告げていた。人それぞれに着地すべき土壌というものがあるはずだが、私たちの降り立つべき大地はどこにあるのだろう。

その大地を発見し、それと向き合ったときに、私たちは、ほんとうの意味で、未知の地平に向かって「飛び立つ」ことができるのだろう。

(『社会評論』二〇〇一年秋季号)

里見　実

二〇〇一年九月

著者紹介

里見実（さとみ・みのる）

教育学専攻。国学院大学教員、自由の森学園協力研究者。本書に関連する著作・翻訳として『働くことと学ぶこと』『学校を非学校化する』（太郎次郎社）、『もうひとつの学校に向けて』（共著 筑摩書房）、パウロ・フレイレ『希望の教育学』（太郎次郎社）、アウグスト・ボアール『被抑圧者の演劇』（共訳 晶文社）などがある。

学ぶことを学ぶ

里見実 著

二〇〇一年十一月十日初版印刷
二〇〇一年十一月二十日初版発行

発行者――**浅川満**
発行所――株式会社**太郎次郎社**
東京都文京区本郷五―三二―七 〒一一三―〇〇三三
電話 〇三―三八一五―〇六〇五
ホームページ http://www.tarojiro.co.jp/
eメール tarojiro@tarojiro.co.jp
デザイン――**赤崎正一**
印字――**モリモト印刷**株式会社
印刷――**モリモト印刷**株式会社（本文）＋株式会社**文化印刷**（装丁）
製本――株式会社**難波製本**
定価――カバーに表示してあります。
ISBN4-8118-0664-6 C0037